わかりやすく伝える

言葉が武器になる時代の「伝える技術」

木暮太一

WAVE出版

はじめに

「わかりやすい！」が人生を変える

「伝える力」があらゆる仕事の基礎

「なぜ、わかってくれないんだ……」

「あれだけ言ったのに……、なぜ、あの人はこんなにトンチンカンなことをするんだ……」

「どうして、こんなに話が噛み合わないんだ……」

私たちは、日々このような思いを抱きながら過ごしています。

家庭でも、友人や恋人とのプライベートでのやり取りでも、そう感じることはあるのですから、ビジネスにおいてはなおさらです。私自身、社会人になってから3つの会社で働きましたが、どこでも同じような思いをしました。


報告、連絡、相談、依頼、指示、打ち合わせ……。

会社の仕事は、コミュニケーションをベースに成り立っています。部下の報告が正しく伝わらなければ、どんなに頭の切れる上司であっても判断を間違えるでしょう。あるいは、上司の指示が正しく伝わらなければ、どんなに部下が一生懸命に仕事をしても、その仕事はムダに終わってしまいます。どんなに素晴らしい商品であっても、その魅力を伝えられなければお客様に買っていただくことはできません。**「伝える」ことが、あらゆる仕事の基礎にある**のです。

ところが、ほんの少し込み入った内容になるだけで伝わらない。いえ、ごくごく簡単な事柄ですら、伝えたつもりが伝わっていない。そのために、思うように仕事が進まなかったり、「言った、言わない」の言い争いになったり、わかってくれない相手に思わずイライラしてしまったり……。

私自身、何度もそんなストレスを感じたものです。

でも、私はいつも、こう自分に言い聞かせていました。

わかってくれない相手を責めても仕方がない。「伝わらない」のは相手のせいではなく、「伝わる」ように話していない自分のせいだ。自分の「伝え方」を工夫すればいいんだ、と。

わかりやすく伝えられれば、誰もが喜ぶ

そう思うようになったのは、中学2年生の頃のことです。その頃から、私は「どうしたら、他人にわかりやすく伝えられるんだろう？」と考え始めていました。

きっかけは、学校の数学の授業でした。先生は人柄のいい方でしたが、いかんせん授業がとてもわかりづらかったのです。

「この公式は前に説明したとおりです」。そう言って、どんどん先へ進んでいきます。しかし、その公式は難しく、まだ十分理解できていない生徒も多かった。この時点で、その生徒たちは授業についていけなくなっていました。

また、公式Aについて説明していると思っていたのに、気が付くと公式Bの説明をしている、ということもありました。多くの生徒が「あれ、先生は今、何の説明をしてるんだっけ？」と感じていたと思います。数学を理解するよりも、先生が何を話しているかを理解することに力を注がなければならなかったのです。

そのため、途中からやる気をなくし、落ちこぼれていく同級生もいました。仲良くしていた同級生が「よくわからない」「数学なんてつまらない」と、やる気をなくしていくのを悲しい気持ちで見つめていました。

そして実は、私自身も「わかりづらい授業」に苦労していました。

私自身、それほど勉強が得意な子どもではありませんでした。授業は人一倍まじめに受け、宿題も忘れずにこなしました。しかし、決して理解が速いほうではなく、何度もつまずきながら、何度も間違えながら少しずつ勉強をしていきました。実際、テスト勉強は友人の3倍くらい時間をかけなければいけなかったくらいです。ウサギとカメで言えば、確実に「カメ」でした。

しかし、それだけに、**わからない人の気持ちがわかっていた**のです。自分も同じ経験をしてきたため、「どこがわからないのか?」「どこでつまずいているのか?」がわかったのです。だから、自分と同じポイントで混乱している友人に「それは、こういうことだよ」と伝えたのです。

「なるほど! そういうことか!」

そう言ってもらえたとき、何よりも嬉しかったことを覚えています。「そうだよ、わかりやすく伝えれば、みんな理解できるんだよな」。そう思いました。

そして同時に、こう思ったのです。

「先生がもっと違う伝え方をすれば、みんな理解できるようになるのになぁ。そうすれば、みんなが楽しくなって、積極的になれるのに……」

「わかった！」ときにやる気が出る

どうしたら、わかりやすく伝えられるんだろう……。

それから数年間、私はずっと考え続けました。

そして、あるとき目を見開かされました。それは、予備校に通っているときのことです。予備校の先生の授業が、とにかくわかりやすかったのです。

間違えやすいポイントについては、「これは前にも説明したけど、もう一回説明するよ」と言いながら何度も念を押すように教えてくれました。話題が変わるときには、必ず「ここまで○○について説明してきましたが、ここで××の説明をします。○○と××の違いがわかれば、○○の特徴についてもっとよくわかるからです」などと話の流れをわかりやすく整理してくれました。

だから、先生が何を説明しようとしているのかを考える必要はなく、話の内容にだけ集中することができます。しかも、話がうまく組み立てられているので、どんな複雑な問題でもスーッと頭に入ってきます。それまでちゃんと理解できていなかったことも、スッキリ頭の中で整理されました。「なるほど、そういうことか！」と、何度も膝を打ちました。しかも、授業が終わってしばらくたっても、そのときの先生の説明が頭に残っています。だから、同じ問題に出会ったときにも、間違えずに正解にたどり着くことができました。

わかるって楽しい！

このとき、改めてそう思いました。そして、「わかりやすい！」が人々のモチベーションを上げるということも実感しました。**「わかる」から楽しい。楽しいから、気持ちも前向きになる。**

「わかりやすい！」は、こんなにも人を幸せにするのか。こんなにも、人に力を与えるのか……。私は、驚きすら覚えました。そして、ドロップアウトしていったかつての同級生を思いました。彼らが、この授業を受けていたら……、と。

この予備校での経験が、私の大きな財産となりました。

予備校の先生方の「伝え方」をヒントに、大学に入ってから「他人にわかりやすく伝える方法」について、さらに深く追求したのです。**「伝える力」があれば、皆をハッピーにできると思った**からです。それが、思わぬ成果を生み出しました。

私が入ったのは経済学部でした。ところが、ご存じのとおり経済学の教科書は難解きわまりない。はじめは私も、何が書いてあるのかまったくわかりませんでした。そこで、時間をかけて読み解いたうえで、その内容が経済学のビギナーにもきちんと伝わるように書き直したのです。

試行錯誤の末に、『ＴＫ論〜気軽に始める経済学〜』という本を作り上げました。本というより、自分で大学の印刷機を借りてホチキス止めしただけの「冊子」です。しかし、これが想像以上のヒット作になりました。かつての私と同じように「経済学は難しい……」と悩んでいた多くの学生さんに読まれ、累計5万部も売れたのです。今では『落ちこぼれでもわかる経済学』シリーズとして、大学生協を中心にベストセラーとなり、累計40を超える大学で、正式に授業の教科書として採用していただいています。

その後、社会人になってからも、10万部のヒットとなった『今までで一番やさしい経済の教科書』（ダイヤモンド社）など、**難しいことをわかりやすく伝える本を何冊も出版してきました**。「先生！　わかるって楽しいですね！」。そんな読者ハガキもいただきました。その方は、普段新聞を読まない若い女性でした。それだけに嬉しかったことをよく覚えています。

「わかりやすい！」が人生を変える

こうして私は、中学2年のときから今日まで、約20年をかけて「伝える技術」を磨いてきました。

私は経済に関する本を書いてきましたから、「木暮は経済が専門」と思ってくださる方がたくさんいらっしゃいます。たしかに、「経済」について長く研究してきたので、自分としても「専門分野」と呼べるまでになったと思っています。

しかし、実は「経済」について書いたのは「たまたま」です。

たまたま経済学部に入ったから経済の本を書いたのであって、もしも法学部に入っていれば、法律関係の本を書いていたと思います。理系に入っていれば、相対性理論についての本を書いていたかもしれません。

つまり、私の本当の専門性は、「わかりやすく伝える」ことにあるのです。

そして、こうして身につけた「伝え方」は、日常生活からビジネスまで、あらゆるコミュニケーションに役立ちました。

会社に入ってからも、私はコミュニケーションの難しさに何度も悩みました。

しかし、伝わらないのを相手のせいにせず、本を書くことで磨いたノウハウを応用しながら、自分の「伝え方」に工夫を重ねました。試行錯誤の連続でしたが、いつしかできるようになっていました。相手が誰であろうと、どんなに込み入った案件であろうと、会話であろうと文書であろうと、**「伝えたい内容」をきちんと伝えることができるようになった**のです。「伝え方」には「型」のようなものがあって、それさえ身につければ、すべてのコミュニケーションに通用するのです。

そして、**私の人生は変わりました**。

用件がきちんと伝わるから仕事がスムースに進むようになりました。上司や同僚はもちろん、お客様ともきちんと意思疎通《いしそつう》ができるので、人間関係も良好になりました。何よりも、こちらの伝えたいことをわかってくれたときに、「わかったよ！」「ああ、そういうことか！」と、相手の方は必ずポジティブな反応を返してくれます。その反応が、こちらの気持ちも前向きにしてくれます。忙しい日々でしたが、そんな毎日がどんどん楽しくなっていったのです。

「伝え方」に、頭の良し悪しは関係ない

一人でも多くの方に、毎日を楽しく過ごしてほしい――。

そう考えて、この本を書くことにしました。

本書は、私が20年をかけて磨き上げた「伝える技術」の集大成で、どれも私が常に意識している内容です。自分でまとめた内容ですが、同時に自分自身で常に参考にし、参照している「伝え方の教科書」です。

私はもともと、国語が大の苦手でした。小学校の読書感想文以来、本を書こうと思うまで、まとまった文章などほとんど書いたことはありませんでした。おそらく、日本語の文章としては「下手」の部類だったと思います。そんな私でも、「わかりやすい！」と読者の方に喜んでいただける本を書くことができました。

それに、**私は決して話すのが得意なタイプではありませんでした。**しかし、今では日常会話でもビジネス会話でも、「うまく伝わらない……」と悩むことはありません。それどころか、「わかりやすい話し方」について講演してほしいというご依頼を受けることもあります。

つまり、**「やり方」さえ身につければ、誰でも「わかりやすく伝える」ことができるようになる**のです。

最初にお伝えしておきたいのは、本書で扱う「伝え方」は、「話術」や「文章テクニック」ではないということです。これからご説明するのは、もっと深く、もっと汎用的《はんようてき》で重要な「伝え方の鉄則」というべき内容です。

ステップ1　「誰に」「何を」伝えるのかを明確にする
ステップ2　相手に伝わる日本語を使う
ステップ3　話を正しい順序に組み立てる
ステップ4　相手に伝わる言葉に言い換える

ポイントは、この4つです。
本書では、これらについてひとつずつわかりやすくお伝えしていきます。

「伝え方」に、頭の良し悪しは関係ありません。
センスの有無も関係ありません。
ただ、「やり方」を覚えればいいのです。
そして、日常生活のなかで練習をすれば必ず身につけることができます。
そのとき、**あなたの人生も変わり始める**はずです。

木暮太一

わかりやすく伝える　目次

ステップ0 「わかりやすく伝える」4つのステップ

第1章・誰からも「わかりやすい!」と言われる伝え方

ステップ1 「誰に」「何を」伝えるのかを明確にする

第2章・「誰に」「何を」伝えるのか?

ステップ2　相手に伝わる日本語を使う

第3章・スパッと伝わる日本語の使い方

第4章・こんな言葉は伝わらない

ステップ3 話を正しい順序で組み立てる

第5章・最強の伝え方「テンプレップの法則」

第6章・「なるほど！」と言われる伝え方

第7章・相手の記憶に残す伝え方

ステップ4 相手に伝わる言葉に言い換える

第8章・脳の仕組みがわかれば、「伝え方」がわかる

第9章・「わかりやすい伝え方」のトレーニング

第10章・伝え方の「奥義」

本書は、２０１３年７月小社刊『伝え方の教科書』の新装改訂版です。

装丁●小口翔平（tobufune）
本文デザイン●鈴木大輔（Souldesign）
イラスト●金井淳
ＤＴＰ●ＮＯＡＨ
編集●田中泰
校正●小倉優子

わかりやすく伝える

ステップ0　「わかりやすく伝える」4つのステップ

第1章

誰からも「わかりやすい!」と言われる伝え方

ステップ1　「誰に」「何を」伝えるのかを明確にする

第2章　「誰に」「何を」伝えるのか？

ステップ2　相手に伝わる日本語を使う

第3章　スパッと伝わる日本語の使い方

第4章　こんな言葉は伝わらない

ステップ3　話を正しい順序で組み立てる

第5章　最強の伝え方「テンプレップの法則」

第6章　「なるほど！」と言われる伝え方

第7章　相手の記憶に残す伝え方

ステップ4　相手に伝わる言葉に言い換える

第8章　脳の仕組みがわかれば、「伝え方」がわかる

第9章　「わかりやすい伝え方」のトレーニング

第10章　伝え方の「奥義」

「わかる」には3つの段階があった

「伝える」とは、どういうことでしょうか？

相手の人が、皆さんの話を「わかる」ということです。

いくらこちらが「伝えた」と思っていても、**相手が「わかって」いなければ、それは「伝えた」ことにはなりません**。

では、「わかる」とはどういうことなのでしょうか？

私は、次の3つの条件をすべて満たしたとき、はじめて人は「わかった」「理解した」ことになると考えています。

①把握：相手が言っていることを把握する
②納得：相手が言っていることを納得する
③再現：自分ひとりで思い出して、「こういうことだった」と再現する

この３つです。それぞれ、ご説明していきましょう。

まず、「①把握」です。

たとえば、自分が知らない言語（聞いたことがない言葉）で何を言われても、内容を把握することはできません。また、どれが「主語」で、どれが「述語」かがよくわからない文章を読んでも、意味を正しくとらえることはできません。さらに、「話の大枠」「話の大筋」を知らされずに細々した話をされても「何の話をしてるんだろう？」とチンプンカンプンですね。

つまり、**情報の内容を把握できなければ、理解することなどできるはずがない、**ということです。

次に、「②納得」です。

相手が言っていることの意味がわかっても、その話に**納得できなければ、「わかる」ということにはなりません。**「言っていることはわかるけど……、なんでそう言えるの？」と思っているうちは「わかった」ことにはならないのです。

たとえば、証券会社の社員にこんな話を持ちかけられたとします。

「いい投資話があります。私は、この株を買うことをお薦めします。なぜなら、この会社の株はまもなく値上がりするからです」

あなたは「なるほど！」とお金を出しますか？　出しませんよね？　なぜ、その株が値上がりするのか、その「根拠」を聞かされていないからです。あるいは、いくら証拠を示されても、話全体が論理的に成り立っていなければ、やはり納得することはできません。そして、「お金を出さない」のは、相手がその商品を薦める理由がわからないからです。

最後に、「③再現」です。

入ってきた情報を、**自分ひとりで「こういう話だった」と頭の中で再現できなければ、「わかった」とはなりません**。

「あれ？　どういう話だったっけ？」と感じた経験はありませんか？

話を聞いているときは、一文一文の意味は明確にわかるし、話の組み立ても上手で、「なるほど、そういうことね！」と納得できた。だけど、次の日になると思い出せない。「あれ？ どうして、あの結論になるんだっけ？」「どういう話だっ

「わかる」の３つの段階

Step 1
・情報の内容を把握する
相手が何を話しているか、文章に
何が書かれているか、その内容と
意味がわかる
Step 2
・情報の内容を納得する
相手が伝えていることに、「なるほど！」
と納得したり、「そういうことか！」と
腑に落ちる
Step 3
・情報の内容を再現する
話を聞いた後に、自分ひとりで「こう
いう話だった」と頭の中で再現できる
この3つのすべてが
揃わなければ、
「わかった」ことには
ならない。

たっけ?」。何の話だったかは覚えているものの、内容が思い出せない……。

これでは、「わかった」「理解した」とは言えません。話を聞いているときには「なるほど!」と納得したとしても、後でひとりになったときにその内容を思い出して、論理や結論を自分で「再現」できなければ、「わかった」とは言えないのです。「ああでこうなって、こうなるからああなる」と、いつでも自分の頭のなかで話を組み立てられるようになって、はじめて「わかった」「理解した」と言えるのです。

このように、ひとくちに「わかる」といっても、実際には3つの段階があります。どれが欠けても「わかる」とはなりません。この3つが揃って、はじめて人は、それまで知らなかった内容を「わかる」ことになるのです。

「わかる」には3つの段階がある——。

まず、このことをしっかりと頭の中に入れてください。これが、本書で提示する「わかりやすい伝え方」のすべての基本にあるのです。

「話し方」「プレゼンスキル」では伝わらない

早速、「わかりやすい伝え方」のノウハウに入っていきたいのですが、その前にもうひとつ、お伝えしておきたいことがあります。皆さんの「伝え方」に関する誤解を解いておきたいのです。

というのは、実に多くの方がわかりやすく伝えるために間違った努力をしているからです。いくら努力をしても、その努力が間違っていたら意味がありません。むしろ、わかりやすく伝えるために本当に大切なことがなおざりにされてしまうことになります。それでは、いつまでたっても「伝える力」は身につきません。

では、どんな誤解をしているのでしょうか？

それは、いわゆる「話し方／書き方」や「プレゼンテーション」のスキルを磨けば「伝える力」がつく、というものです。

書店に行けば、「わかりやすく伝える方法がわかる！」という触れ込みで「話し方」「ビジネス文書のつくり方」「プレゼンテーション・スキル」を解説した本がたくさん並んでいます。しかし、そこに書いてあるテクニックを身につけても、わかりやすく伝えることができるようにはなりません。

たとえば、それらの本には「元気よく、はっきり話す」「ジェスチャーをまじえて話す」などと書いてあります。たしかに、モゴモゴと話したり、静止したまま話すよりも、そのほうが相手の注意を引くことはできるでしょう。しかし、**話す内容がわかりにくければ、どんなに元気に話してもやっぱり伝わりません**。

あるいは、「ビジネス文書をわかりやすくするためには、重要な部分は文字を大きくしたり、色を変えて強調するといい」などと書かれています。たしかに、強調したい箇所を大きくしたり、色を変えたりすれば、見やすくなるでしょう。

しかし、それらに気をつければ「わかりやすくなる」というのは、完全な誤解です。試しに、難しい法律文書をカラフルにしてみてください。それで理解しやすくなりますか？　なるわけがありません。法律文書がわかりづらいのは、「モノクロだから」ではなく、「わかりにくい内容、わかりにくい表現だから」なのです。

相手が「わかる」ように、情報を整理する

プレゼンテーション・話し方や、見栄えの工夫は、あくまでも「補助的な要素」です。プレゼンがうまく、カラフルで見やすい書類をつくれるに越したことはありませんが、それができたところで、本質的に「わかりやすく」なるわけではありません。

プレゼンスキル、文書の作り方（見栄え）は、あくまでも最終的な〝見せ方〟の問題です。料理でいえば、出来上がった料理をどう盛りつけて、どうやってテーブルに置くか（どうやって相手に送り届けるか）、といった話なのです。

料理をテーブルに置く際に、どんなに演出をこらしてみても、料理自体の味は変わりません。そもそも、その料理がまずかったら、いくらきれいに盛りつけてベストなタイミングで出してもムダです。それ以前に、調理がうまくいっていなければ、「まずくて食べる気がしない」「堅すぎて消化できない・吸収できない」となります。いくら飾っても、まずいものはまずいのです。

「伝え方」もまったく同じです。

いくら「話し方」を工夫したり、「文書」の見栄えをよくしても、わかりにくい話はわかりにくいのです。わかりやすく伝えるために大切なのは、あくまで話したり書いたりする「内容」です。問われているのは、その「内容」をどんな手順で、どのように作り上げるか、ということです。

皆さんは、それぞれ「伝えたい情報」「伝えるべき情報」をもっています。その情報を、きちんと相手に伝わるように〝料理〟する技術を身につけなければなりません。それができるようになってはじめて、「盛りつけ」に工夫をこらす意味が生まれるのです。

ここでは次の2点を押えてください。

まず第1に、「話し方」や「プレゼンスキル」を磨くよりも先に、伝える内容を相手にとって「わかりやすく整えること」が必要、ということです。

そして第2に、**「伝え方にも〝レシピ〟がある」**ということです。

料理にはレシピがあります。それと同じで、相手に伝わるように内容を整えるためにも、決まった〝レシピ〟があります。つまり、一定の「やり方」があるということです。しかも、料理は一品一品レシピが違いますが、「伝え方」のレシピはたったひとつです。

もちろん、状況に応じて調節は必要ですが、他人に何かを伝えるときにやるべきことは基本的に同じです。この「やり方」を身につければ、あらゆる状況に対応することができるようになります。

「わかりやすく伝える」ための４つのステップ

その「やり方」は、次の４つのステップからなります。

ステップ１　「誰に」「何を」伝えるのかを明確にする
ステップ２　相手に伝わる日本語を使う

ステップ3　話を正しい順序で組み立てる
ステップ4　相手に伝わる言葉に言い換える

この4つのステップを踏めば、皆さんの話はわかりやすくなります。どんなことでも、わかりやすく伝えることができます。

詳しくは、これから順を追って丁寧に説明していきますが、全体のイメージをもっていただくために、それぞれについて簡単な解説をしておきます。ここでは、ぼんやりとイメージをもっていただくだけで十分です。

【ステップ1】「誰に」「何を」伝えるのかを明確にする

まず、「誰に」「何を」伝えるのかを明確にしなければなりません。これが、わかりやすく伝えるための第一歩です。「わかりにくい話」になる最大の要因は、この作業をきちんと行わないことにあります。

皆さんにも、経験があると思います。あれこれ話をするけれども、要するに何を言いたいのかがわからない……。そういう人っていますよね？

なぜ、そうなってしまうのか？　何が言いたいのか本人もわかっていないからです。**本人も何が言いたいのかわからないことを、相手に伝えられるはずがありません。**

ではなぜ、自分でもわかっていないのか？　それは、きちんと頭の中を整理しないまま、話を始めてしまうからです。

相手に伝える前に、「何が言いたいのか」＝「結論」を自分のなかで明確にしなければなりません。そして、話すこと、書くことはすべて「結論」を導くために必要な要素だけに絞ることです。そうすることで、相手は「要するに何が言いたいのか」を迷うことなく理解してくれるのです。

そのときに忘れてはならないのが、「誰に」伝えるのかということです。

そもそも、伝える相手が「誰か」によって、「何を」伝えるか（「何を」伝えるべきか）は変わってきます。

たとえば、「アベノミクスとは何か？」を説明するとしましょう。このとき、相手が社会人か、小学生かによって、当然、伝えるべき内容は変わりますね。

社会人が相手であれば、これまでの政策の良し悪しを振り返りつつ、アベノミクスが掲げている「３本の矢」の具体的な政策を説明するでしょう。

しかし、小学生に「アベノミクスでは金融緩和《きんゆうかんわ》を目玉にしていてね……」と言っても理解できるわけがありません。そもそも「金融緩和とは何か？」を理解するために必要な知識をもっていないからです。

また、「誰に」には、相手の気持ち・聞く姿勢も含まれます。その相手はノリノリで聞いてくれるのか？　時間がなくて集中して聞くことができないのか？　それも考えなければいけません。たとえ同じ人物であっても、状況や話のテーマによって聞く姿勢が変わりますよね。それも含めて「誰に伝えるのか？」です。
ものすごく忙しい人に「では、まずアベノミクスが導入されるに至った歴史的背景からご説明しましょう」と言ったら、「そんなこと、どうでもいい。ポイントだけ教えて！」と言われるでしょう。反対に、皆さんの報告を今か今かと待っている上司に「先日の件、概要だけ伝えますね」と言ったら「詳細を報告しろ！」

と怒られてしまいます。

伝える相手が「誰か」によって、またその人の「状態」「姿勢」によって、伝えるべき内容が変わるのです。

このように、**常に「誰に」と「何を」はワンセット**です。だから、「誰に」「何を」伝えるのか（伝えるべきなのか）を、まずは自分の頭のなかできちんと整理しておかなければいけません。それが伝えるためには必要不可欠なのです。

【ステップ２】相手に伝わる日本語を使う

「誰に」「何を」伝えるのかが明確になれば、次に問題になるのは、それを「どう」伝えるのかということです。

そのために、まず注意しなければならないのは、「相手に伝わる日本語」を使うということです。「そんなこと、当たり前」と思われるかもしれません。しかし、私たちは、相手にとって「意味不明」な日本語を頻繁《ひんぱん》に使っています。改めて振り返って考えると、その「当たり前のこと」を無意識に無視しているのです。

たとえば、上司から「君、あれ頼むよ」と言われたことはありませんか？　上司の頭の中では「誰に」「何を」伝えるのかはっきりしているのかもしれませんが、「あれ」では言われた相手はわかりません。

日本人は「皆まで言わなくても察するべき」という文化がありますから、こうした「伝わらない日本語」をついつい使ってしまいがちです。その結果、相手にとって、とてもわかりづらい話になってしまうのです。

単語だけでなく、文章として「通じない日本語」もあります。主語と述語が明確でない、ひとつの文章が長すぎて何が言いたいかわからない……などなど。

決して、綺麗《きれい》な日本語を使う必要もありませんし、格調高い日本語を使う必要もありません。ただ、**意味がきちんと伝わる日本語を使わなければなりません。**

そのためには、最低限、意識しておかなければならないポイントがあるのです。

【ステップ3】話を正しい順序で組み立てる

話を正しい順序で組み立てる——。

これは、伝えるためにはきわめて重要なことです。

話があっちこっちに飛んで、何を話そうとしているのかよくわからない人を、よく見かけます。あるいは、何について話すのかを言わずに、いきなり本題に入る人も多いです。「ちょっと待って、それ何の話？」と聞きたくなりますね。

これでは「わかりづらい！」と言われて当然です。

なぜそうなってしまうのでしょうか？　理由は簡単です。話の組み立て方が間違っているからです。「正しい順番」で伝えていないからです。

話をわかりやすく組み立てるには、ある「法則」があります。その「法則」さえ覚えれば、誰でも相手に伝わるように話をすることができるようになるのです。

【ステップ４】相手に伝わる言葉に言い換える

「誰に」「何を」伝えるのかが明確になって、話も正しい順序で組み立てました。

しかし、まだ終わりません。最後に重要な作業が残っています。それは、相手に伝わる言葉・表現に言い換える、という作業です。

言葉がわからなければ、どんなに話を上手に組み立てても、相手には伝わりません。当たり前のことですよね。医者や弁護士が専門用語を使って話したら、私たちはほとんど理解することはできません。それは、専門用語の意味がわからないからです。

あるいは、自分の仕事内容を小学生に説明するときに、「デスクワークが基本」「各部署の調整役です」などと言っても、理解してもらえるはずがありません。相手の知らない言葉を使っていては、どんなに話の順序を整理して伝えても理解してもらえません。そんなときは、言葉を言い換えて伝える必要があるのです。

言葉の意味がわからなければ相手に伝わりません。だから「相手が知らない、難しい言葉」は使ってはいけない、と言われたら、「そうだよね」と頷《うなず》いていただけるでしょう。すでに気をつけている人も多いかもしれません。

しかし、実はそれだけではないんです。**「相手が知っていても伝わらない言葉」があります**。言葉とは難しいもので、同じ言葉でも、人によって受け取り方が違います。そして、受け取り方が違えば、こちらが意図した内容は伝わりません。

「わかりやすく伝える」４つのステップ

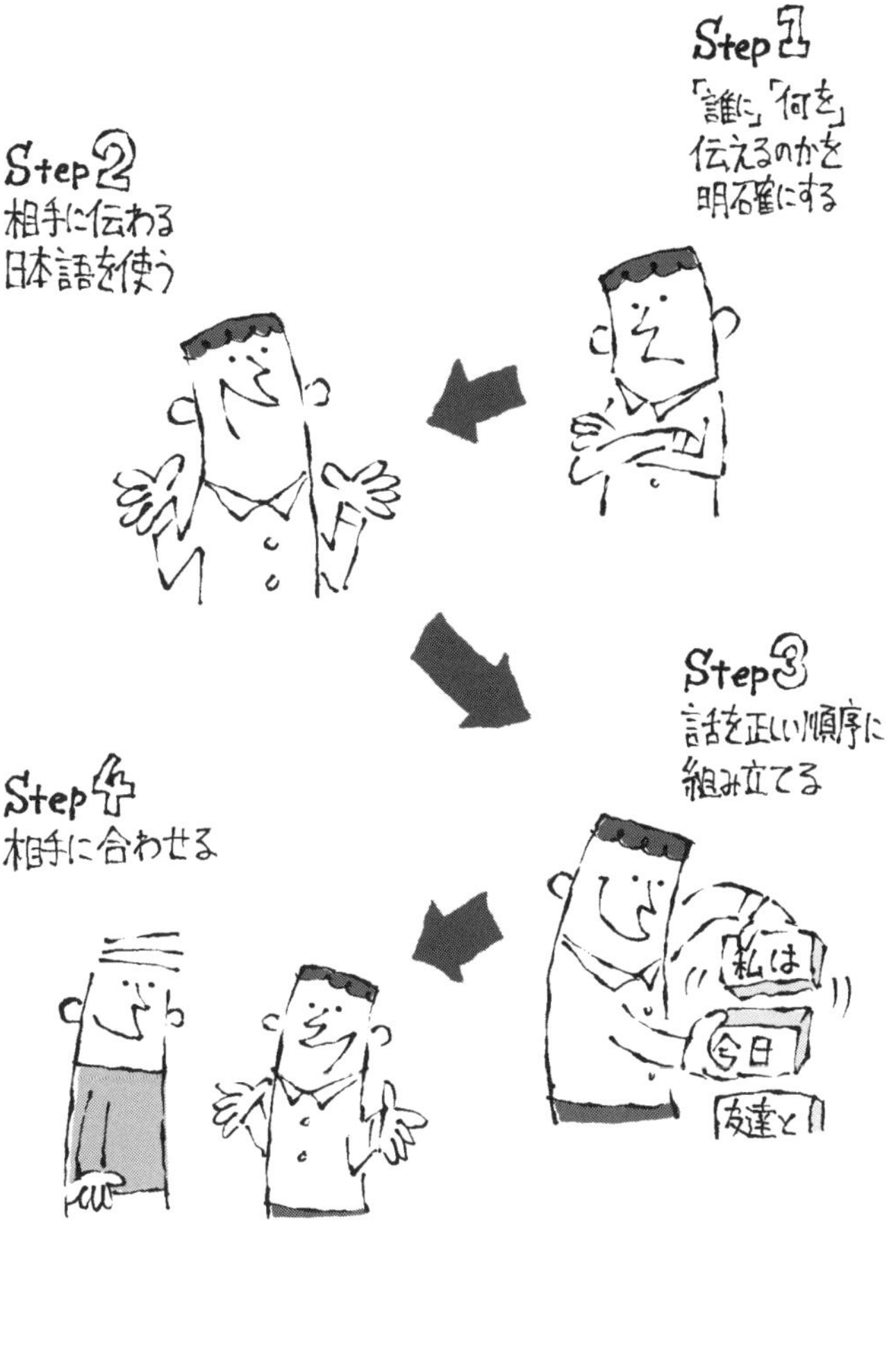

たとえば「スタンプ」という言葉です。ある大学生が「昨日は、彼女とスタンプだけでやり取りした」と言ったとします。スマホやiphoneでLINEを使ったことがある人なら、「ああ、文字を使わず、すべて〝スタンプ〟でコミュニケーションを取ったんだな」と理解できるでしょう。しかし、LINEを使ったことがない人は、「?・?・?・?・」となってしまいます。

なぜなら、その人たちの頭の中では、「スタンプ＝ウォークラリーや観光地に置いてある〝ハンコ〟」だからです。そのイメージをもっている限り、「昨日は、彼女とスタンプだけでやり取りした」という話を理解することは不可能です。

このように、言葉の意味は相手に伝わっても、その言葉によって相手が頭に思い描くイメージは異なります。「人によって言葉の捉え方が違う」ということですね。100人いたら、100通りの「捉え方（もつイメージ）」があります。そして、こちらが伝えたいイメージと、相手が受け取ったイメージが違えば、話は伝わらなくなってしまうのです。

そのため、私たちは、**「相手が何をイメージするか？」まで把握したうえで、言葉を選んでいかなければならない**のです。

ここまでご説明した４つのステップを踏めば、皆さんも必ずわかりやすく伝えることができるようになります。

＊

それぞれのステップで注意しなければならないポイントや、有効なテクニックについては、これからひとつひとつ詳しく説明していきます。

ここでは、この４つのステップがあることだけ覚えておいてください。

そして、今後、何かを伝えるときには、常にこの４つのステップを頭において準備をするように心がけてください。

それだけで、あなたの話は格段に伝わりやすくなります。

第1章まとめ

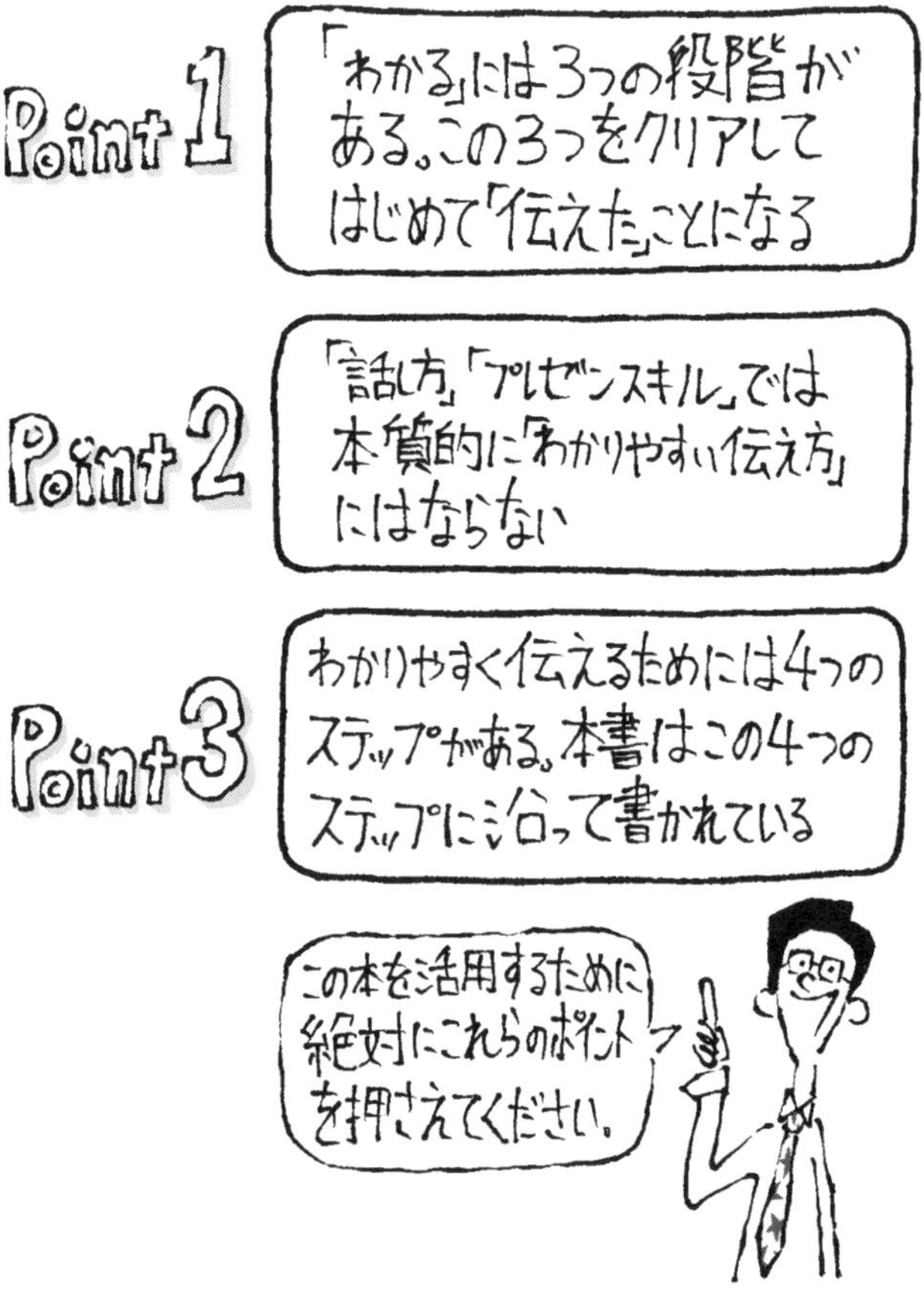
Point 1
「わかる」には3つの段階がある。この3つをクリアしてはじめて「伝えた」ことになる
Point 2
「話し方」「プレゼンスキル」では本質的に「わかりやすい伝え方」にはならない
Point 3
わかりやすく伝えるためには4つのステップがある。本書はこの4つのステップに沿って書かれている
この本を活用するために絶対にこれらのポイントを押さえてください。

ステップ0　「わかりやすく伝える」4つのステップ

第1章　誰からも「わかりやすい！」と言われる伝え方

ステップ1　「誰に」「何を」伝えるのかを明確にする

第2章

「誰に」「何を」伝えるのか？

ステップ2　相手に伝わる日本語を使う

第3章　スパッと伝わる日本語の使い方
第4章　こんな言葉は伝わらない

ステップ3　話を正しい順序で組み立てる

第5章　最強の伝え方「テンプレップの法則」
第6章　「なるほど！」と言われる伝え方
第7章　相手の記憶に残す伝え方

ステップ4　相手に伝わる言葉に言い換える

第8章　脳の仕組みがわかれば、「伝え方」がわかる
第9章　「わかりやすい伝え方」のトレーニング
第10章　伝え方の「奥義」

まず、「結論」を明確にする

何かを伝えるときには、必ず「誰に」「何を」伝えるのかを明確にしなければなりません。これが、わかりやすく伝えるために絶対に欠かせない第一歩です。

まずは、「何を伝えるのか」から始めましょう。

皆さんは、「何を話すか」を決めてから話し始めていますか？

「そんなの当たり前だよ！」。みなさん、そう思われるでしょう。でも、実は多くの人が、それを「不明確」にしたまま伝え始めてしまっています。だから、話が長ったらしく、わかりづらいと思われてしまうのです。

たとえば、こんなケース。

「あのぅ、課長。さっきの会議で山田さんがこう言って、それに対して佐々木さんがああ言って……」と話し始めたけれども、いまいち的を射ない人がいます。

「何」を伝えたいのか自分でもよくわかっていないのに話し始めてしまうから、

説明がわかりづらくなってしまうのです。だから、**話を始めるときには、「何を」伝えるのかを明確にしておかなければなりません。**

ここで注意が必要です。

この「何を」とは、「○○について」（話のテーマ）という意味ではありません。先ほどのケースでも、「さっきの会議で……」と言っているので「さっきの会議がテーマである」ことはわかりますね。しかし、「○○について」だけでは不十分です。それでは、文字通り「アバウト」になってしまうのです。「○○について（ａｂｏｕｔ）」

この**「何を」とは「結論」のこと**です。「要するに何を伝えたいのか」を決めておかなければならないのです。もっと言えば、皆さんの話の最後の一文、「ということで、今日はこういうことを伝えたいのです。チャンチャン」を決めておかなければならないということです。

この最後の一文さえ決めておけば、常にその目標に向かって進んで行くことができます。そうすれば、話の主題から大きく外れることはありません。そして、「何を言いたいのかわからない」と言われることもなくなります。

結論（最後の一文）を決めてから話していますか？

アバウトではいけません。明確に文章に書き起こすくらいのつもりで「結論」を決めてください。

「結論」は、常に「理由」とワンセット

ただ、「結論」だけでは足りません。

どうして、その「結論」になるのか、その「理由」も伝えなければ、相手は納得できませんよね。

だから、「何を」には**「結論」と「その理由」がワンセットになっていなければならない**のです。

具体的にご説明しましょう。

想像してください。

あなたは、とある会社の総務担当者です。

勤怠《きんたい》チェック、伝票処理、経理、設備管理……。仕事は山ほどあります。

ある日の夕方。終業時間が迫って、伝票処理をせっせとこなしていると内線電話がかかりました。そして、すごい早口でこう伝えられました（一息で読んでください）。


「営業部の田中です。実はですね、明日、エアソルーションという会社の専務が来社することになったんです。エアソルーションさんの新商品がすごい売れているそうで、ウチへの発注を増やしてくれそうなんです。

それでですね、会議室を取りたいんですが、何時に来社されるのかまだわからないんです。明日の10時に連絡があって、何時にお越しになるか、何人でお見えになるかお知らせいただくことになってます。もしかすると、3人かもしれないし6人かもしれないんですが、大事なお客様だから10人用の大会議室をとっておきたいんですね。

2時から4時まで営業部の木下が大会議室を予約してるんですが、来客数は4人です。多少のムリもお願いできる発注先の方なので、なんとか4人用の小会議室でも対応可能です。営業部長の了解は得ておりますので、大会議室を私名義で終日押えていただいて、木下の予約を小会議室に変更しておいていただけませんでしょうか。木下が帰社したら、私からこのことは説明をしておきます」

田中さんは何を求めているのでしょうか?

文章で読めば、なんとか読み取れるかもしれませんが、これを口頭でまくしたてられたら、ほとんどの人は理解できないと思います。

では、田中さんが「何を」伝えようとしているのか、考えてみてください。「何を」とは、「結論」と「その理由」でしたね。

次の空欄に書き込んでみてください。

「結　論」＝ ［　　　　　　　　］

「その理由」＝

みなさん、答えは出ましたか？

「結論」は明確ですよね。


「結論」＝「明日終日、私の名前で大会議室を予約してほしい」


これです。

問題は「その理由」です。

田中さんが、いろいろ言っているからつかみづらいですが、ここで伝えなければいけないのは、「相手が納得するために必要な理由」です。「相手」は総務担当者です。彼（彼女）が「明日終日、田中さんの名前で大会議室を予約していい」と判断する根拠（理由）は何でしょうか？　簡単です。「営業部長の了解を得ている」。この根拠さえあれば、彼は予約を変更していいと判断することができます。

総務担当者にとっては、「来客が誰なのか？」などは一切関係ありません。会議室がダブルブッキングになったり、社内のトラブルになるようなことさえなければいい。

だから、「その理由」はこうなります。

「その理由」＝「営業部長の了解を得ている」

したがって、私ならば、総務担当者にこう伝えます。

「営業部の田中です。会議室の予約の件で電話をしました。明日終日、私の名前で大会議室を予約していただけますでしょうか。営業部の木下が同じ部屋を2時から4時まで予約していると思いますが、それは小会議室に変更していいと営業部長の了解を得ています」

これだけでいいのです。

このように、比較的単純な話の場合には、「結論」と「その理由」を伝えるだけで、相手は納得してくれます。そうやって、**話をシンプルにするからこそ、相手はスッと理解してくれる**わけです。

ここで、覚えておいていただきたいことがあります。

それは、**「相手が結論を理解・納得するのに必要な情報だけを伝える」**ということです。「結論に無関係な情報」を伝えないのはもちろんのこと、「関係はしていても、言わなくても結論が伝わる情報」も伝えてはいけません。「言わなくても伝わる」のだから、それは蛇足《だそく》です。説明が長ったらしくなるだけですね。自分としては懇切丁寧《こんせつていねい》に伝えているつもりでも、相手にとってはわかりづらくなるだけ。逆効果なのです。

だから、**余計な情報はどんどん切り捨ててください**。

相手が結論を理解・納得するのに必要な情報だけを選ぶ――。

これが、わかりやすく伝える鉄則なのです。

結局は、「誰に伝えるか」で決まる

それでは、もうひとつ問題を出します。

田中さんは、営業部の木下さんが予約していた大会議室を自分の予約に変更しました。当然、帰社した木下さんに、その事情を説明しなければなりません。

では、田中さんは木下さんに、「何を」伝えるべきでしょうか？　次の空欄を埋めてください。

「結　論」＝［　　　　］
「その理由」＝［　　　　］

まず、「結論」です。これは簡単ですよね？

「結論」＝「明日、木下さんが予約している大会議室を小会議室に変更してもらいたい」

これが、木下さんに伝えたい結論ですね。

では、「理由」は？

「営業部長の了解を得ている」では納得してもらえません。木下さんの来客よりも優先するわけですから、木下さんが「そうしなければならない」と納得できるだけの「理由」を伝えるべきです。

「その理由」＝「明日、エアソルーションの専務が発注増の件で来社されることになった。非常に重要な案件なので、失礼のないようにしたい。来社人数と来社時間が確定するのは明日午前10時だが、大勢でお見えになることになったときのために、予め大会議室を終日押さえておきたい」

もうお気づきになったはずです。

同じひとつの出来事であっても、相手が「誰」であるかによって、「何を」伝えるのかは変わってきます。納得してもらうための「理由」も、相手によって変わってくるのです。

つまり、何かを伝えるときは、まず何よりも「誰に」を明確にしなければならないということです。**伝える内容を考えるうえで最も重要なのは、「誰に伝えるか」なのです。**

「誰に伝えるのか」を明確にしたうえで、その相手に伝えたいこと（伝えるべきこと）は「何か」をはっきりさせます。たいていの出来事は込み入っていますが、「結局、何を伝えたいのか？」＝「結論」を一言で伝えられるようにします。そして、その相手に「何を言えば納得してもらえるのか？」＝「理由」を考えるのです。

明日から、何かを伝える必要が生じるたびに、常に次ページの3点セットを明確にすることを心がけてください。できれば、このフォーマットをメモして、デスクの横など、常に目につくところに貼っておきましょう。日々、この練習を積み重ねることで、必ずみなさんの話はより一層伝わるようになります。

「伝え方」３点セット

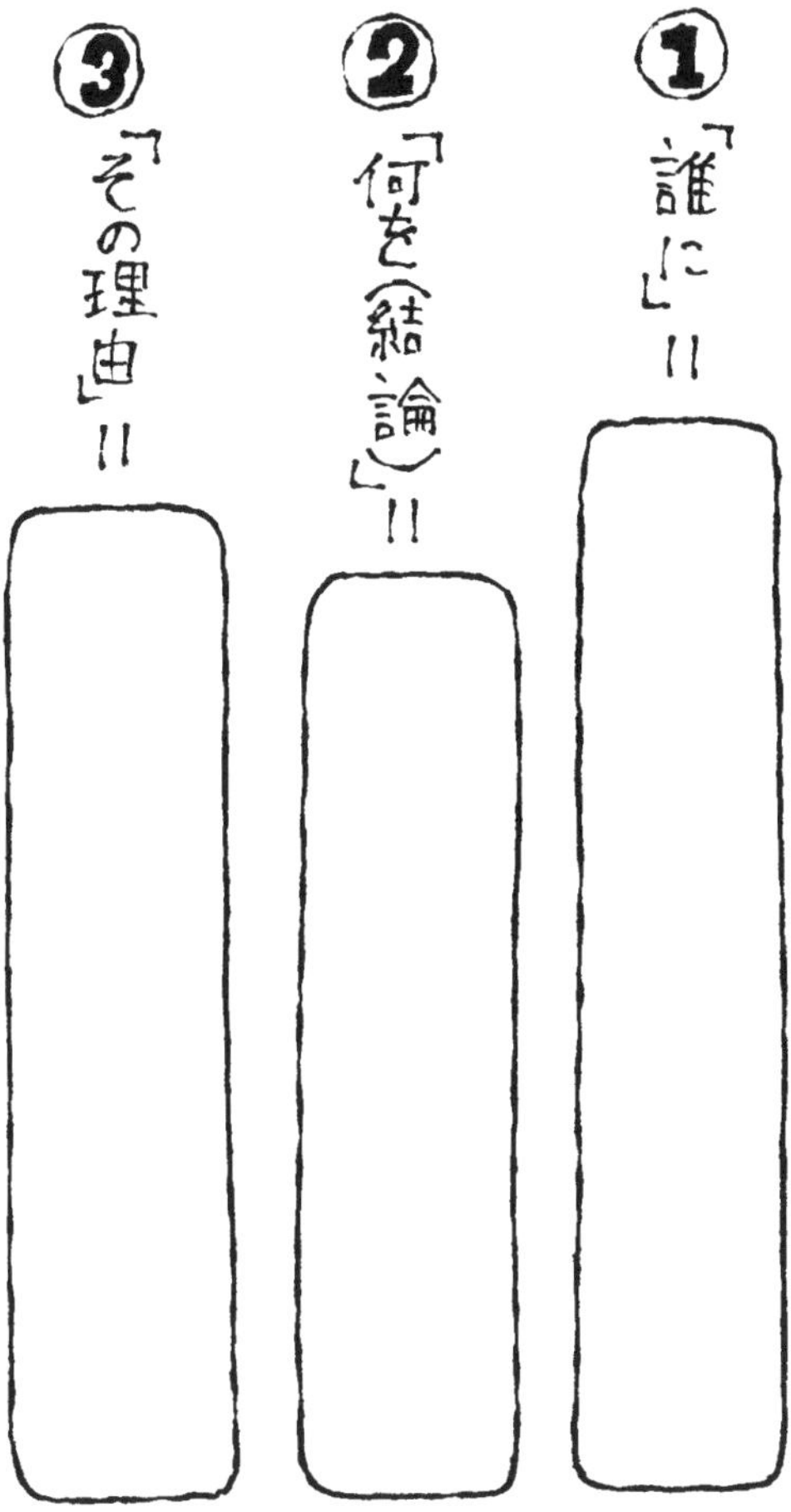

第2章まとめ

Point 1
「結論」を決めてから話し始める
Point 2
「結論」は常に「理由」とワンセット
Point 3
「結論」を伝えるために不要な要素はすべてそ切り捨てる
Point 4
「誰に伝えるか」によって「何を伝えるか」は変わる
何かを伝えるときは必ず「誰に」「何を」伝えるかを明確にする。

ステップ0　「わかりやすく伝える」4つのステップ

第1章　誰からも「わかりやすい！」と言われる伝え方

ステップ1　「誰に」「何を」伝えるのかを明確にする

第2章　「誰に」「何を」伝えるのか？

ステップ2　相手に伝わる日本語を使う

第3章　スパッと伝わる日本語の使い方

第4章　こんな言葉は伝わらない

ステップ3　話を正しい順序で組み立てる

第5章　最強の伝え方「テンプレップの法則」
第6章　「なるほど！」と言われる伝え方
第7章　相手の記憶に残す伝え方

ステップ4　相手に伝わる言葉に言い換える

第8章　脳の仕組みがわかれば、「伝え方」がわかる
第9章　「わかりやすい伝え方」のトレーニング
第10章　伝え方の「奥義」

話すように書くな、書くように話せ

第2章では、「ステップ1　『誰に』『何を』伝えるのかを明確にする」についてご説明しました。

これこそ、わかりやすく伝えるために絶対にはずしてはいけない基本ですので、しっかり覚えておいてください。

さて、第3章と第4章では「ステップ2　相手に伝わる日本語を使う」についてご説明します。

相手に伝わる日本語を使う――。

そう聞くと、「そんなの当たり前！」と思われるかもしれません。

でも、これができていない人が、実際には驚くほどたくさんいます。そして、このポイントを押さえておかないと、本書で「伝える技術」を身につけても役に立ちません。

そもそも使っている日本語が「意味不明」では、「技術」を身につけたところで伝わるはずがないからです。

非常に基本的な内容に感じるかもしれませんが、これをないがしろにしていては、絶対に「伝える力」は改善しないのです。

では、「相手に伝わる日本語」を使うには、どうすればいいのでしょうか?

ポイントは２つです。

①主語と述語を明確にする
②とにかく一文を短くする

この２つのポイントに気をつけるだけで、皆さんは、意味の通じる日本語を使えるようになります。

早速、それぞれについてご説明していきたいところですが、その前に、よくある「誤解」を解いておきたいと思います。

「話し言葉で書けばわかりやすくなる」

「話し言葉で表現すればいい」

皆さんは、このように指南している本を読んだことはありませんか？ でもこれは誤解なんです。とても大きな誤解です。

たしかに、文章よりも会話のほうが簡単な日本語を使います。そのため「話し言葉」のほうがわかりやすいように感じます。でもそれは、イメージだけです。

実は、**「話し言葉」のほうが伝わるように感じるのは、それが「わかりやすい表現」だからではありません。**別の理由があるのです。

話しているときには、顔の表情や言葉の抑揚《よくよう》、身振り手振りで、情報を補足することができます。また、その場の雰囲気や話の前後関係を相手と共有している中でやり取りをしています。だから、伝わりやすいのです。

たとえば、レストランの店員の態度が悪いとき、一緒に行った友人と顔を見合わせて「なんだかビミョウだよね」と言うことがあります。それだけで、「嫌だね。不満だよね」と感じているということが、相手に伝わります。

しかし、それは、そのときの状況をお互い共有しているから通じるのです。「話し言葉だから通じる」のではありません。

そもそも、「話しているように」表現すればわかりやすくなるのであれば、「わかりづらい会話」は存在しないことになります。そんなことありませんね。世間には、「わかりづらい会話」があふれています。**「話し言葉＝わかりやすい」は誤解**なのです。

むしろ、実は「話し言葉」というのは、とても危ういものです。さきほどお伝えしたように、顔を合わせて会話するときには、その場の状況や顔の表情・身振りで情報を補足することができます。言葉や文章が不完全でも「なんとなく伝わる」のです。

そのため、**話し言葉は往々にして「不完全」になりがち**なのです。「何がどう不完全になるか？」については、この後を読んでいただければよくご理解いただけると思います。

ですから、私は**「書くように話す」**ことをお薦めしています。

「伝わる日本語の使い方」を身につけるためには、口頭で話すときであっても、文章で書くようなつもりで、一語一語、一文一文をチェックしながら話すことを心がけるべき、ということです。話し言葉で伝えればわかりやすくなる、なんて大間違い。むしろ、「書き言葉」で伝えることでわかりやすくなるのです。

「主語」と「述語」を明確にする

まず、気をつけていただきたいのは、「主語」と「述語」です。

先日、テレビ局のプロデューサーさんが、こんなことをおっしゃっていました。

「アナウンサーの話し方がわかりやすいのは、絶対に主語と述語を明確にするからだ」

アナウンサーは「話すプロ」です。さまざまなトレーニングを積み、場数も踏んでいます。素人からすると、特殊技能があるために「わかりやすい伝え方」ができているように見えます。

もちろん、多くのスキルや経験が役に立っているとは思います。しかし、このプロデューサーさんがおっしゃったのは、もっともっと基本的な「主語と述語を明確にしている」ということだったのです。

このことからもわかるように、「伝わる日本語」にするためには、まず、「主語」と「述語」を明確にしなければなりません。言葉を使ううえで、最も初歩的な、しかし最も重大なミスは「主語」と「述語」が明確でないということです。しかも、これが一番多いミスです。

「主語」と「述語」については、誰もが小学生のころに習いました。「〇〇は××である」「〇〇が××した」といった文章の「〇〇」の部分が主語で、「××」の部分が述語ですね。

この主語と述語が文章の最小単位であり、伝えたいことの骨格となるわけです。それだけに、この**「主語」と「述語」が不明確だと、とたんにその文章は「意味不明」になります**。

たとえば、次の文章を読んでください。

「アメリカに行ったとき、『ポテトチップスが好きだ』と言っていた」

「主語」がありませんね。

誰（主語）が「アメリカに行った」のか？　誰が「好き」なのか？　誰が「言っていた」のか？　何ひとつわかりません。

そこで、たとえば次のように「主語」を入れれば、意味ははっきりします。

「私がアメリカに行ったとき、スーザンは『私はポテトチップスが好きだ』と言っていた」

あるいは、こんなケース。

「田中君は真面目なんだけど、ちょっとあれだね」

「主語」ははっきりしてますが、「述語」が「あれ」では意味がわかりません。

「田中君は真面目なんだけど、ちょっと堅苦しいね」

こうして、「述語」を明確にしてはじめてはっきりと意味が伝わるのです。

「主語」と「述語」の関係こそが日本語の柱です。これらを省略したり不明瞭なまま話すと、意味はまったく通じなくなります。しかし、本当に多くの人が日々、同じようなミスを犯しています。

日本人には「言わなくても察するべき」という文化があります。そのため、知らず知らずのうちに言葉を省略したりしてしまいがちなのです。特に、さきほどお伝えした**「話し言葉」では、無意識に「主語」「述語」を省略してしまうことが多い**のです。

家族や友だちなどのようにかなり親しい間柄であれば、それでも通じるかもしれませんが、仕事などの場面では、そのために「伝わらない」という結果を招いてしまいます。ビジネスであっても簡単な会話であれば、省略しても通じることも多いでしょう。しかし、問題は通じない、、、ことがある、、、ということです。そのリスクを避けるためにも、常に、「主語」と「述語」を省いていないかとチェックしながら話すことを心がけてください。

常に、「5W1H」を確認する

「主語」「述語」だけではありません。

何かを伝えるときには「5W1H」を明確にしておくことが大切です。これも小学生のときに学んだことですね。

①When（いつ）

②Where（どこで、どこに）

③Who（誰が）
④What（何を）
⑤Why（なぜ）
＋
①How（どうやって）

このうち、「Who」が「主語」に、「What」が「述語」に当たるわけですが、それ以外の「When」「Where」「Why」「How」も明確に意識したうえで伝えることを心がけてください。

たとえば、Aさんが、メールで別の部署のBさんに次のような依頼をしたとします。

「Bさん
お疲れ様です。
以前お願いしておりました○○に関する書類を、明日午前中までに届けていただけますようお願い申し上げます」

「主語」がBさんであることはわかります。そして、「○○に関する書類を届ける」と「述語」も明確です。ですが、私がBさんだったらモヤモヤしてしまいます。

なぜでしょうか？

それは、5W1Hに漏れがあるからです。

「Ｗｈｅｒｅ」（どこに）は推測がつきます。おそらくAさん本人のところに届けてほしい、ということなのでしょう。ただ、もしかすると第三者なのかもしれません。やはり、明記しておいたほうが「わかりやすい」です。

さらに、この場合、「Ｗｈｙ」（なぜ）も書いたほうが、わかりやすいです。なぜなら、急ぎのお願いだからです。急いで対応してもらうわけですから、たとえば「明日夕方の会議で使用するため」などの理由もつけたほうが、Bさんは納得して、すんなり承諾してくれるでしょう。

また「Ｈｏｗ」（どうやって）も重要です。メールに書類のデータを添付すればいいのか、プリントアウトしたペーパーを持参したほうがいいのか、Bさんには判断がつきません。

このように、**５Ｗ１Ｈに漏れがあると、伝えたいことがしっかり伝わらないことがあります**ので、十分に注意する必要があります。

もちろん、相手によって、状況によって、必ずしも５Ｗ１Ｈのすべてを伝える必要はないことも多々あります。

たとえば、帰社したときに、上司に「どこに行っていたんだっけ？」と聞かれたときには、「○○に行ってました」とだけ答えれば済みます。こんなときまで、いちいち「私は（Ｗｈｏ）、商談をするために（Ｗｈｙ）、先ほどまで（Ｗｈｅｎ）、電車にのって（Ｈｏｗ）、○○に（Ｗｈｅｒｅ）行ってました（Ｗｈａｔ）」と答える必要はありません。

しかし、それでも常に５Ｗ１Ｈを思い浮かべる習慣をつけておくべきです。何かを伝える前に、「５Ｗ１Ｈに漏れはないだろうか？」と立ち止まって考えるのです。そのうえで、相手や状況に合わせて、「この場合には、ＷｈｙとＷｈｅｎはいちいち伝えなくてもいいな」などと調整していけばいいのです。

ひとつの文章に「主語」と「述語」はひとつ

さて、「主語」と「述語」の話に戻りましょう。

先ほどは、「主語」と「述語」を省略してはならないということについてお伝えしました。しかし、さらにやっかいな問題があります。文法上、「主語」と「述語」はあるけれど、両者の関係が不明確というケースが非常に多いのです。

たとえば、こんなケースです。

「彼は、今日彼女は休んで職場にいないと思っていた」

単純な内容ですが、スッと頭に入ってきません。

この例文の「主語」は「彼」、「述語」は「思っていた」です。文法上は、「主語」と「述語」が存在しています。ですが、「彼」と「思っていた」の間（主節）に、「今日彼女は仕事を休んで職場にいない」という一文（従属節）が入っているため、「主語」と「述語」の関係がわかりづらくなっているのです。「彼は」「彼女は」と主語が2つあるように思えて、混乱してしまうのです。

これも、「よくあるミス」です。そして、このように「主語」と「述語」の関係が複雑になると、とたんに相手は意味をつかみづらくなります。**文法的には間違いではなくても、わかりにくいのです**。

では、どうすればいいのでしょうか？

ひとつの案は、「彼女は今日仕事を休んで職場にいないと、彼は思っていた」です。「今日彼女は仕事を休んで職場にいない」という従属節を、「彼は思っていた」という主節の〝外〟に出すのです。そうすることで、「主語」と「述語」の関係がスッキリわかりやすくなります。

もうひとつお薦めしたい方法があります。それは、文章を分けるという方法です。たとえば、こうするのです。

「今日彼女は休んで職場にいない。彼は、そう思っていた」

やっていることは、さきほどの例と一緒です。要するに、従属節を主節の外に出しているのです。しかし、**「できるだけ、ひとつの文章で『主語』と『述語』はひとつにする」**ことにすれば、この類《たぐい》のミスは大幅に減らすことができます。文章を分ければ、そもそも「主節が何」で「従属節が何」などと考える必要もありません。自動的に「主語」と「述語」の関係が明確になるのです。

では、次の文章はどのように変えればいいでしょうか？

「彼は、彼女は昨日会社を休んでいたはずだと言ったが、彼女は休んではいなかった」

ここには主語が3つあります。「彼は」と「彼女は」と「彼女は」。主語が3つあるということは、3つの文章に分ければいいのです。

「彼女は昨日会社を休んでいたはずだ。彼は、そう言った。しかし、彼女は休んではいなかった」

文章を短く区切ると、味気なく、ぶっきらぼうに見えます。ただ、それでも最初はできるだけ「ひとつの文章に『主語』と『述語』はひとつにする」ことを意識することをお薦めします。そうすれば、「主語」と「述語」の関係が複雑になって、相手にわかりづらい表現になることを避けることができるからです。

とにかく一文を短くする——接続詞はひとつまで

「主語」と「述語」の関係をわかりやすくするために必要なのは、「とにかく一文を短くすること」です。

この**「一文を短くする」ということは、伝えるときの鉄則**です。これは、「主語」と「述語」の関係をわかやすく整理するのみならず、わかりやすい日本語を使うための万能薬なのです。

なぜか？

聞き手・読み手は一文全体を把握しようとするので、「。」が来るまですべての情報を頭の中にストックしておこうとするからです。長い文章を理解するためには、いろいろな情報をもちながら、話の内容を把握しなければなりません。そのため、「理解すること」よりも「覚えておくこと」に脳の容量の多くを割かなければならなくなります。「理解すること」に集中できないのですから、当然の結果として「話がわかりにくい！」となるわけです。

逆に、ひとつの文章が短ければ、相手がもっておかなければならない情報は少なくなります。その結果、**「覚えておくこと」よりも「理解すること」に集中できる**ため、話がわかりやすくなるのです。

わかりやすく伝えたければ、できるだけ一文を短くする——。

これも非常に大事なことです。

「できるだけ短く」の目安は、「一文70文字以内」と言われていますが、あくまでも目安ですので、71文字になったらいけないということではありません。それに、いちいち文字数を数えるより、「一文に『主語』と『述語』はひとつ」を心がけるほうがいいでしょう。

とはいえ、場合によっては、どうしても長くなってしまうこともあります。そんなときでも、**「接続詞はひとつまで」**にすべきです。そうすれば、むやみに長くて、意味のとりづらい文章をつくることはなくなります。

「一文を短くするのが基本ですので、『接続詞はひとつまで』と心がけるべきで、接続詞を2つ以上使うと、途端に文章が複雑になってしまい、伝わりづらくなりますので、2つ以上、接続詞が入っていたら、途中で文を区切りましょう」

↓

「一文を短くするのが基本ですので、『接続詞はひとつまで』と心がけるべきです。接続詞を2つ以上使うと、途端に文章が複雑になってしまい、伝わりづらくなるからです。2つ以上、接続詞が入っていたら、途中で文を区切りましょう」

「一文に、接続詞はひとつまで」とすれば、ずいぶんとスッキリと理解できる文章になります。これも、わかりやすく伝えるための鉄則です。

「結論」と関係のない言葉は、一切入れない

とにかく一文を短くする——。

そのために、もうひとつ大切なことがあります。

それは、**「余計な言葉を入れない」**ということです。メッセージを伝えるのに必要でない言葉・文章は全て省くべきなのです。

「いまさら、そんなこと……」と思うでしょう。しかしこれも、現実に多くの方がやってしまっています。伝えているときは、どれも必要な要素に思えて、ついつい盛りだくさんになってしまうのです。

たとえば、こんなケースです。これは、Aさんが上司へ送った携帯メールです。

「今、B社のCさんと来年度の事業内容について打ち合わせているのですが、あの若いCさんがいくつも面白くて可能性のあるアイデアをもっていらっしゃり、とても盛り上がっています。事業プランの方向性を見出すまでには、まだまだ時間がかかりそうで、おそらく20時くらいまで延びそうです。この打ち合わせ以外には、いくつか気がかりな仕事はあるのですが、どれも今日中に処理しなければならないというわけではありません。ですので、直帰に変更していただきたいのです」

一応、「一文に接続詞はひとつまで」という原則は守られています。ですが、「余計な言葉」が多くて、一文が長くなっています。その結果、どうにも要領を得ないメールになっているのです。

では、どの言葉が「余計」で、どの言葉が「余計でない」のでしょうか？　皆さんはそれを、どのように判断しますか？

ここでポイントになるのは、第2章でご説明した「『誰に』『何を』伝えたいか？」

です。つまり、**「伝えたい結論」を理解してもらうのに不要な言葉は、すべて「余計」だと判断する**のです。

また、修飾語もできるだけ省きます。

私たちは、ついつい修飾語を入れてしまいがちです。そのほうが、なんとなく相手にいろいろと伝わりそうな気がするからです。しかしそれは逆効果です。一文が長くなり、わかりづらくなってしまいます。**基本的に「修飾語」は使わない**というくらいのつもりでいたほうがいいでしょう。

では、Aさんのメールを書き直しましょう。

Aさんが伝えたい「結論」は、「直帰に変更してもらいたい」ですね。

ただ、それだけメールしても「なぜ?」と聞かれるでしょうから、その理由も合わせて書かなければいけません。ですが、それ以外は書いてはいけません。

「あの若いCさん」「いくつも面白くて可能性のある」など、「結論」とは無関係な修飾語は全部取り除くべきです。

また、内容的に「結論」とは無関係な言葉も取り除きます。「盛り上がっています」「事業プランの方向性を見出す」「いくつか気がかりな仕事はある」などは省いても差し支えありませんね。

それらを省くとこうなります。

「今、B社で来年度の事業内容について打ち合わせています。まだまだ時間がかかりそうで、会議は20時くらいまで延びそうです。私は、今日中に処理しなければならない仕事はありませんので、直帰に変更していただけませんでしょうか」

ずいぶんとスッキリしたのではないでしょうか？

このように、一文を短くするためには、「結論」とは無関係な言葉や要素をどんどんそぎ落とさなければいけません。

そのためにも、「誰に」「何を」伝えるのか、をしっかりと整理しておく必要があるということなのです。

第３章まとめ

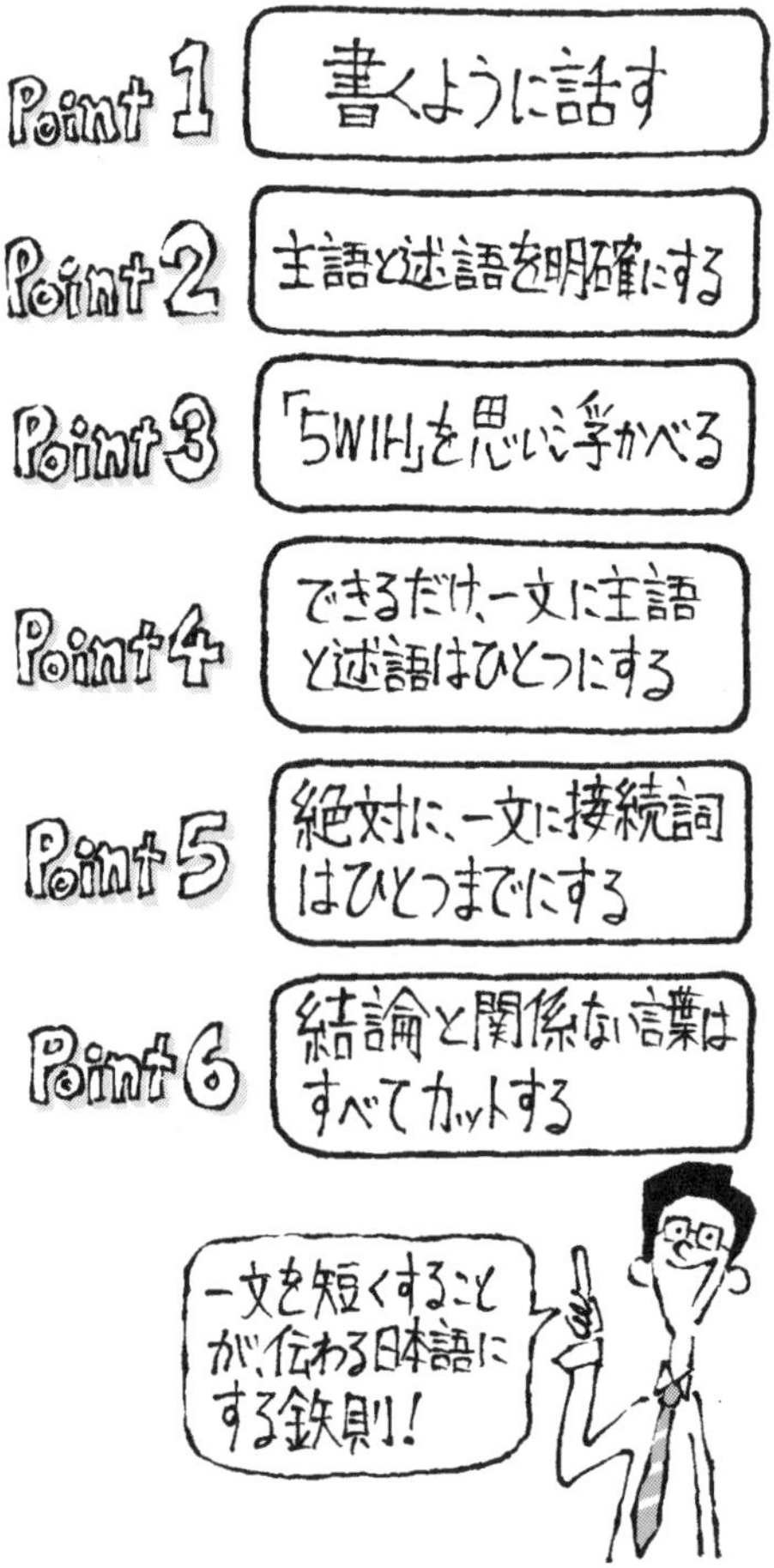
Point 1
書くように話す
Point 2
主語と述語を明確にする
Point 3
「5W1H」を思い浮かべる
Point 4
できるだけ、一文に主語と述語はひとつにする
Point 5
絶対に、一文に接続詞はひとつまでにする
Point 6
結論と関係ない言葉はすべてカットする
一文を短くすることが、伝わる日本語にする鉄則！

わかりやすく伝える

ステップ0　「わかりやすく伝える」4つのステップ

第1章　誰からも「わかりやすい！」と言われる伝え方

ステップ1　「誰に」「何を」伝えるのかを明確にする

第2章　「誰に」「何を」伝えるのか？

ステップ2　相手に伝わる日本語を使う

第3章　スパッと伝わる日本語の使い方

第4章

こんな言葉は伝わらない

ステップ3　話を正しい順序で組み立てる

第5章　最強の伝え方「テンプレップの法則」
第6章　「なるほど！」と言われる伝え方
第7章　相手の記憶に残す伝え方

ステップ4　相手に伝わる言葉に言い換える

第8章　脳の仕組みがわかれば、「伝え方」がわかる
第9章　「わかりやすい伝え方」のトレーニング
第10章　伝え方の「奥義」

「専門用語」を使わない

第3章では、一文一文を「伝わる日本語」にするためのポイントについてご説明してきました。もうひとつ、「伝わる日本語」にするために、きわめて重要なポイントがあります。

それは、「意味不明」な言葉は使わない、ということです。

いくら、「主語」と「述語」が明確で一文が短くても、そこに出てくる**言葉の意味がわからなければ、相手に理解してもらうことはできません。**そもそも「意味」がわからないのだから、何ひとつ伝わりません。「ホニャララ」と言っているのと同じなのです。

言葉の選び方の大原則は次の2つです。

①「専門用語」「業界用語」を使わない

②「実は何も表していない言葉」を使わない

この２つです。

これらに気をつけて言葉を選んで伝えることで、あなたの話はこれまで以上に伝わりやすくなります。「実は何も表していない言葉って何？」って思いますよね。これについては、後ほど詳しくご説明します。まずは、「専門用語、業界用語を使わない」からお話しします。


専門用語を使ってはいけない――。

これは、多くの方に賛同いただけると思います。

たとえば、身体の具合が悪くて病院に行ったとします。そして、診察を終えたお医者さんにこう言われました。

「あなたの病気は急性上気道炎《きゅうせいじょうきどうえん》です」

文章はとてもシンプルです。だけど、意味はわかりませんね。

これ、実は、単に「あなたの病気は風邪です」と言ってるだけなんです。「風邪」

のことを医学用語で「急性上気道炎」というのです。実は単純なことでも、このように聞いたことのない「専門用語」を使うだけで、とたんにわからなくなるのです。

さすがに、「風邪」のことを「急性上気道炎」という医師はいないでしょう。ですが、似たようなことは日常茶飯事《にちじょうさはんじ》です。医師、弁護士、会計士……。世の中には、高度な専門性をもつプロフェッショナルがたくさんいます。そして、時に彼らの話は「わかりづらい」と言われます。それは、聞き手が知らない「専門用語」を使って話すからです。

これは、普通の会社に勤める一般のビジネスマンも同じです。**「業界用語」「その会社だけで通じる言葉」も、仲間内にしか伝わらないという意味で「専門用語」と同じ**です。別の業界の人や別の会社の人に、そのような言葉を無意識のうちに使ってしまうことで、あなたの話は伝わらなくなってしまうのです。

もちろん、仲間内で話すときには「専門用語」を使ったほうが伝わりやすいでしょう。だけど、外部の人と話すときには絶対に「専門用語」を使ってはなりません。

そして、「急性上気道炎」を「風邪」と言うように、誰にでもわかる言葉に置き換えて話すことを心がけるのです。

「熟語」は「漢字＋ひらがな」に置き換える

「専門用語」「業界用語」は相手が「知らない言葉」です。知らない言葉で伝えられたら、理解できるはずがありません。相手が知っている言葉で伝えなければいけないのは、基本中の基本です。

でも、相手が知っている言葉であれば、何でもいいのかと言えば、そうではありません。「（知っていても）理解しづらい言葉」があります。それらも使ってはいけないのです。

「理解しづらい言葉」の代表格は「熟語」と「カタカナ語」です。こうした言葉もできるだけ使わないようにしてください。**小学生でもわかる言葉を使う。**そう思っているくらいでちょうどいいと思います。

たとえば、「黒字化」「確実視」「購買《こうばい》」という熟語があります。ひとつひとつの意味はわかるでしょう。ですが、熟語を多用するとわかりづらくなります。漢字が多い文章は難しく感じますね。わかりやすくするためには、熟語をできるだけ使わないようにすべきなのです。

とは言っても、「黒字化」という内容を伝えたいのに、「黒字化」という言葉を使ってはいけないのでは、内容を伝えられません。

どうすればいいでしょうか？

そういう時は「漢字＋ひらがな」に変換して表現するのです。

多くの熟語は「漢字＋ひらがな」に置き換えて表現することができます。たとえば「黒字化」という熟語は、「黒字になる」と言い換えることができます（ほかにも「〇〇化」という言葉はたくさんありますが、すべて「〇〇になる」という動詞に変換することができます）。

「確実視」という熟語は「確実だと見る（思う）」と言い換えることができます。

たとえば、

「今年度のわが社の業績は黒字化が確実視される」

という文章は、

「今年度のわが社の業績は黒字になることが確実だと思われる」

と言い換えることができるわけです。より多くの人に理解しやすい表現ではないでしょうか？

その他にも次のように言い換えができます。

●「増減」

「毎月の売上増減に、注意しなければならない」

↓

「毎月の売上が増えたか減ったかに、注意しなければならない」

●「動機」

「A社が事業を拡大した動機を知りたい」

←

「なぜ、A社が事業を拡大したのかを知りたい」

●「購買」「意欲」「低下」

「消費者の商品購買意欲が低下している」

←

「消費者が商品を買おうとする気持ちが弱くなっている」

なんとなくコツがつかめたでしょうか?

要領さえわかれば、熟語を「漢字＋ひらがな」に置き換えるのは難しいことではありません。

ぜひ、皆さんもこの技術を身につけていただきたいと思います。

「カタカナ語」は日本語に置き換える

「カタカナ語」も伝わりづらいですね。

カタカナ語を聞くと、なんとなくわかったつもりになりますが、本当のところ意味を理解できていない場合が多いものです。そもそも、**カタカナ語は日本語にできないからカタカナ語なのです。**つまり、日本人には理解しづらいような意味をもつ言葉なのです。

ところが、カタカナ語を使って話すと、なんとなく「すごいことを言っている」ように聞こえるためか、それを頻発《ひんぱつ》するビジネスマンがいます。自分では「カッコイイ」と思っているかもしれません。でも、そばで見ていると、タレントのルー大柴さんみたいで、なんだか滑稽です（ルー大柴さんは、そういう芸風なので何も問題ありません）。第一、内容がわかりづらいです。

もしくは、カタカナ語を日本語に変換するのが面倒なのかもしれません。日本語にするためには、自分の頭でしっかりとカタカナ語の意味を理解しなければなりません。しかも、話す内容にあわせて適切な日本語を見つけてこなければなりません。それが面倒だから、ついついカタカナ語を使ってしまうのです。

たとえば、社長がこんな経営方針を発表したら、どう思いますか？


「わが社の経営方針を伝える。わが社はこれから、ダイバーシティを重視した経営を行う。社員一人ひとりの適性に応じたワークシェアリングを徹底するとともに、一人ひとりのモチベーション管理にもコミットしていく。一方で、マーケットの動きに素早く対応できるよう、それぞれのディヴィジョンのモニタリングを強化していく」


何が何だかわかりませんね。

わかりやすく伝えるためには、できるだけ、カタカナ語は日本語に置き換えてから伝えるように努めなければなりません。
では、この例文のカタカナ語を日本語に変換していきましょう。
それぞれ、日本語ではこのように表現します。

「ダイバーシティ」＝多様性・相違点
「ワークシェアリング」＝業務分担・勤労者同士で雇用を分け合うこと
「モチベーション」＝やる気
「コミット」＝目標に対して責任をもつ
「マーケット」＝市場
「ディヴィジョン」＝部署
「モニタリング」＝点検・管理

「わが社の経営方針を伝える。わが社はこれから、社員が一人ひとり違った個性をもつことを重視した経営を行う。社員一人ひとりの適性に応じて業務を振り分けることを徹底するとともに、一人ひとりの社員がやる気をもってもらえるような仕組みづくりを責任をもって行う。一方で、市場の動きに素早く対応できるよう、それぞれの部署が行っていることを経営陣がしっかりと管理していく」

カタカナ語を日本語に置き換えただけで、かなりわかりやすくなったのではないでしょうか。

このように、カタカナ語はできるだけ日本語に置き換えて伝えるようにしてください。もちろん、「ラジオ」や「パソコン」などのように、すでに日本語として定着しているものまで無理に変換する必要はありません。**「小学生に通じないカタカナ語は、日本語に置き換える」**と考えていただければ大丈夫です。

「実は何も表していない言葉」を使わない

「専門用語」「熟語」「カタカナ語」など難しい言葉を使ってはいけないということ

とは、常識的に考えても理解しやすいことだと思います。

ですが、これだけではありません。さらに注意しなければいけない「言葉」があります。それが、「実は何も表していない言葉」です。

ご存じのように、名詞とは「モノを指す言葉」であり、動詞は「動きや動作を指す言葉」です。しかし、中には「特定のモノを指さない名詞」や「特定の動きや動作を指さない動詞」があるのです。つまり「実は何も表していない言葉」です。それらの言葉を使うと、肝腎《かんじん》なことが相手に伝わらなくなるのです。

たとえば、こんなフレーズです。

「部内のコミュニケーションを活性化させなければいけない」
「上司と部下のコミュニケーションを改善する」

なんとなくはわかります。ですが、「具体的に何が足りていないのか?」「どうすれば問題がなくなるのか?」はまったくわかりません。「コミュニケーション」は名詞ですが、「実は何も表していない言葉」なのです。そのため、たとえば「部内のコミュニケーションを改善する案を、私に提案してください」という依頼を受けても、そもそも何を改善すればいいのかがわからないのです。

文法上は、「主語」と「述語」が明確で、一文が短くても、「コミュニケーション」という内容を何も表していない言葉を使ったがために、非常にわかりづらい文章になっているのです。

動詞も同じです。

本来、動詞とは、動作を表すものです。「歩く」「立つ」「食べる」など、誰でも具体的な「動き」をイメージできるものです。ところが、日本語には、具体的な動作を表さない、非常に抽象的な動詞があります。次の文章を見てください。

「来月のイベントに向けて、ちゃんと手配をしておいて」

自然な響きで、一見何も問題がないように見えます。でも実際に「手配」しようとして、はたと気づきます。**「手配するって、具体的に何をすればいいの？」**と。

「手配する」という動作はありません。この言葉は、なんとなく必要なことをやっておくという意味だけで、実際には何も表してはいないのです。

相手は「何をしたらいいいか」を察して、何かを手配してくれるかもしれません。その内容が、皆さんが想定したとおりの「手配」であれば問題はありません。でも、もし違っていたら……？

ですから、こうした「実は何も表していない動詞」を使ってはいけません。必ず、具体的な動作で伝えなければなりません。この場合であれば、「来月のイベントで使用する会場を予約しておいて」などと伝えればいいのです。

「コミュニケーション」「手配する」など、抽象的な言葉は、とても便利です。抽象的であるがゆえに、さまざまな場面で使えます。だから、楽なんですね。しかし、**楽をした結果、話が相手に伝わらないという結果になってしまう**のです。

「広い」「早く」などは数字に置き換える

お気づきの方もいらっしゃるかもしれませんが、さきほどの文には、もうひとつ問題がある単語が含まれていました。

「来月のイベントに向けて、ちゃんと手配をしておいて」

おわかりでしょう。「ちゃんと」です。これも、何も表していない言葉です。これに限らず、形容詞や副詞などには、具体的に表していない言葉が多数あります。たとえば、こんなケースです。

「今度の月曜日に、大人数の会議があるから、広い会議室を押さえておくように」

こう言われて、皆さんは、指示どおり「広い会議室」を押さえることができますか？　「大人数」とは何人なのか？　「広い会議室」とは具体的にどのくらいの広さなのか？　まったくわかりませんね。

雰囲気としては伝わっているでしょう。そのため、4〜5人しか入れない会議室を予約することはないと思います。しかし、では何人が入れればいいのでしょうか？　20人？　30人？

実は、このときの参加者は50人でした。「大人数の会議」とだけ言われて、50人が入れる会議室を手配する人は、おそらくいないでしょう。「月曜の朝」、どんなことになるか、想像しただけでもゾッとします。

「大人数」の「大」、「広い会議室」の「広い」という形容詞が不明確だから、こうなってしまうのです。こういう**形容詞はできるだけ数字に置き換えて、具体的に伝える**ようにしなければなりません。

たとえば、こんな感じです。

「今度の月曜日に、50人前後の会議があるから、60人入れる会議室を押さえておくように」

これなら、間違えようがありませんね。

副詞も同じです。

「明日はいつもより早く朝礼が始まります。また、参加人数が増えたので、多めに配布資料を準備してください」

「早く」「多め」という**副詞は、数字に置き換えなければ伝わりません。**

「明日はいつもより10分早く朝礼が始まります。また、参加人数が増えたので、20枚多く配布資料を準備してください」

こうすれば、明確に伝わります。

形容詞や副詞は、できるだけ数字に置き換えてください。さもなければ、皆さんの話は「わかりづらい！」となってしまうのです。

第４章まとめ

Point 1　「専門用語」は使わない

Point 2　「熟語」は「漢字＋ひらがな」に置き換える

Point 3　「カタカナ語」は日本語に置き換える

Point 4　「手配する」など「実は何も表していない言葉」は使わない

Point 5　「広い」「早く」などは数字に置き換える

わかりやすく伝える

ステップ0　「わかりやすく伝える」4つのステップ

第1章　誰からも「わかりやすい！」と言われる伝え方

ステップ1　「誰に」「何を」伝えるのかを明確にする

第2章　「誰に」「何を」伝えるのか？

ステップ2　相手に伝わる日本語を使う

第3章　スパッと伝わる日本語の使い方

第4章　こんな言葉は伝わらない

ステップ3　話を正しい順序で組み立てる

第5章

最強の伝え方「テンプレップの法則」

第6章　「なるほど！」と言われる伝え方

第7章　相手の記憶に残す伝え方

ステップ4　相手に伝わる言葉に言い換える

第8章　脳の仕組みがわかれば、「伝え方」がわかる

第9章　「わかりやすい伝え方」のトレーニング

第10章　伝え方の「奥義」

たったひとつの「ゴールデン・ルール」

ここまで、「ステップ1　『誰に』『何を』伝えるのかを明確にする」と「ステップ2　相手に伝わる日本語を使う」についてご説明をしてきました。

この章からは3回にわたって、「ステップ3　話を正しい順序で組み立てる」についてご説明していきます。


長々と話すのだけど、その話がどこに向かっているのかわからない……。

話があちこちに飛んで、何を話そうとしているのかがつかみづらい……。

やたらと力説するけれども、話に説得力がない……。


皆さんの周りにも、こんな人がいませんか？

一生懸命話してくれているのはわかりますが、聞いている方は、

「わかりにくいなぁ」

「なんだかモヤモヤするなぁ」

と思っています。

なぜこうなってしまうのでしょうか？

その理由は簡単です。

話の組み立てが間違っているからです。相手がわかりやすい順序で伝えていないからなのです。

逆に、**正しく話を組み立てられれば、相手は皆さんの言いたいことにスッと納得してくれるようになります**。

「話を正しく組み立てる」と聞くと、「理路整然とロジカルでスマートに伝えなければならない！ということか。自分にはできない……」と難しく考えてしまいがちです。

ですが、まったくそんなことはありません。

たったひとつの「法則」を覚えるだけでいいのです。

その法則の通りに話せば、わかりやすく話を組み立てることができます。

最強の伝え方「テンプレップの法則」

それが、「テンプレップの法則」です。

①話のテーマ（Theme）
話のテーマを冒頭で伝える。「これから○○について話をします」

②言いたいことの数（Number）
「言いたいことはいくつあるのか？」を伝える。「お伝えしたいことは○個あります」

③結論・要点（Point）
言いたいことの結論・要点を伝える。「結論から言いますと、お伝えしたいのは××ということです」

④理由（Reason）
・伝えた結論が正しいと言える理由を伝える。「(結論から言いますと、××

です。）その理由は〇〇です」
・なぜそれを、いま伝えているのか、その理由を伝える。「この話をしている のは、〇〇だからです」「この話は、次の××の話を理解するために必要で す」

⑤具体的な話（Example）
結論を補足する具体例を示す。「たとえば、こういうことがあります（だから この結論で正しいのです）」

⑥結論・まとめ（Point）
最後に結論・要点を繰り返す。「ということで、今回お伝えしたいのは××で した」

この６つの順番で話す。これが「テンプレップの法則」です。**この法則に従って伝えれば、「……で？　結局、何が言いたいの？」と言われることはなくなります。**
「Ｔｈｅｍｅ」「Ｎｕｍｂｅｒ」「Ｐｏｉｎｔ」「Ｒｅａｓｏｎ」「Ｅｘａｍｐｌｅ」「Ｐｏｉｎｔ」の頭文字をとって、「Ｔｈｅ－Ｎ－Ｐ－Ｒ－Ｅ－Ｐ」＝「テンプレッ

プの法則」と名づけました。
どんな内容の話でもほぼすべて、この「テンプレップの法則」に当てはめることでわかりやすく伝えることができます。皆さんがしなければいけないのは、この**「テンプレップの法則」を覚えて、その順番を守ることだけです。**

たとえば、社内で新商品のアイデアが求められているとしましょう。皆さんが考えたアイデアを伝えるときには、このような順番で話します。

これから求められる新商品のコンセプトについてご説明します。**【①話のテーマ】**
お伝えしたいポイントはひとつです。**【②言いたいことの数】**
私は、環境に配慮したエコ商品の開発を提案いたします。**【③結論】**
なぜなら、環境破壊が地球規模で問題になっており、消費者も「エコ」に対して強い関心をもつようになっているからです。**【④その結論にいたった理由】**
実際に、多くのエコ商品がヒットしています。たとえば、A社が発明した電気自動車は異例のヒットになりました。また、B社は原材料をリサイクルする取り

最強の伝え方「テンプレップの法則」

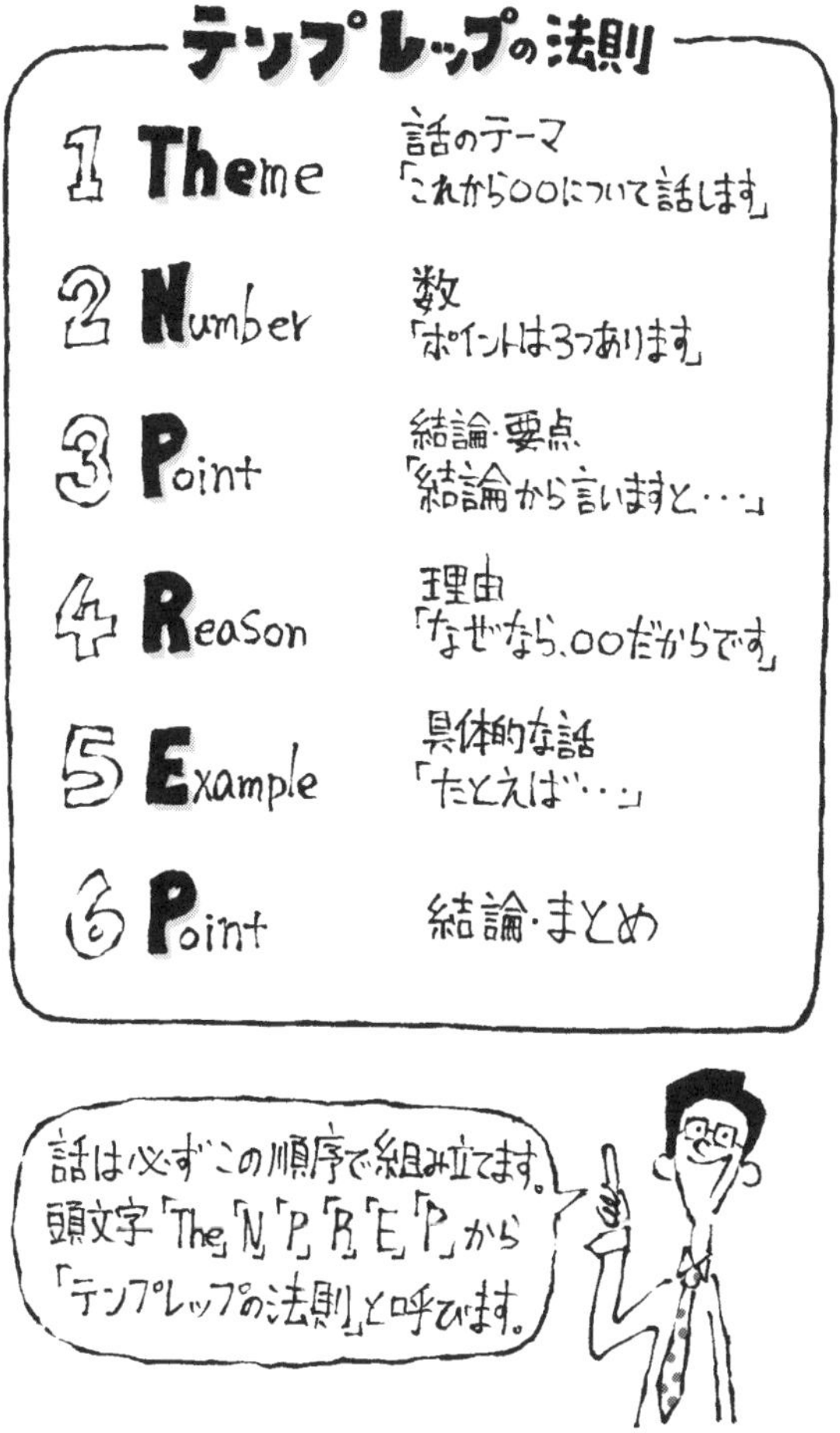
テンプレップの法則
1 Theme
話のテーマ
「これから○○について話します」
2 Number
数
「ポイントは3つあります」
3 Point
結論・要点
「結論から言いますと・・・」
4 Reason
理由
「なぜなら、○○だからです」
5 Example
具体的な話
「たとえば・・・」
6 Point
結論・まとめ
話は必ずこの順序で組み立てます。頭文字「The」「N」「P」「R」「E」「P」から「テンプレップの法則」と呼びます。

組みで企業好感度ランキングが急上昇しています。**【⑤その結論が「正しい」と思えるような具体例】**

そのため私は、環境に配慮したエコ商品の開発を提案します。**【⑥結論】**

なお、「テンプレップ」の要素をひとつずつ並べて考えるのが基本ですが、場合によっては、要素が「不要」「省略可」のときもあります。

たとえば、「あなたが今一番行きたい場所は?」という非常に具体的な質問に答えるときには、「テーマ(Theme)」「数(Number)」は不要です。皆さんがこれから話すテーマが「私が一番行きたい場所について」であることはわかってますし、答えの数も「ひとつ」に決まっているからです。

そんな時には、「テン」がなくなるので「プレップ」だけでOKです。

また、相手が知らないことを説明するときなどは、「理由(Reason)」はいらないかもしれません。

たとえば、こういうことです。

これから、アベノミクスとは何かについてお話しします。**【①話のテーマ】**

重要なポイントは３つです。**【②数】**

アベノミクスでは、（１）積極的な財政政策、（２）大胆な金融緩和政策、（３）成長戦略、の３つを柱にしています。**【③要点】**

【④理由】なし

まず、「積極的な財政政策」について説明します。

政府がお金を使って、民間企業に仕事を発注するのが、この財政政策です。自民党は、この先10年で２００兆円の予算をこの財政政策に使うと言っています。

政府が民間企業に仕事を発注すれば、受注した企業の業績は必ずその分だけ良くなります。それで景気がよくなるのです。**【⑤具体的な話】**

ただし、基本形として「テンプレップ」を常に頭に入れておくことが必要です。何かを伝えるときには、まずは「テンプレップ」のすべての要素を頭に思い描き、そのうえで、「要不要」を考えながら調整していきましょう。

必ず「概要→詳細」の順番で伝える

「テンプレップの法則」を使ううえで、まず第一に覚えていただきたいことがあります。

それは、**「概要→詳細」の順番で伝える**ということです。どんなテーマでも、相手が誰であっても、この順番で伝えなければいけません。同時に、これを守るだけで、圧倒的に伝わりやすくなります。いわば「ゴールデン・ルール」です。

6つの順番をよくご覧ください。

「①話のテーマ」→「②言いたいことの数」→「③結論」→「④理由」→「⑤具体的な話」となっています（最後の⑥は「総括」のようなものですから、ここでは置いておきます）。つまり、話の大枠から話し始めて、だんだんと細部に入っていく流れになっているのです。

この「概要→詳細」こそ、伝えるときの鉄則です。

話を始めるときには、まず話の「全体像」を示さなければなりません。「詳しい説明」「細かい説明」はその後にするのです。

「全体像」とは「①話のテーマ」です。

まず最初に「これから何の話をするのか」＝「テーマ」を必ず伝えるのです。

テレビのニュースは、すべて「テーマ」を最初に伝えています。

ニュースを紹介するときに、アナウンサーは必ず最初に、

「今日、○○で××の事件が起きました」

「今日は東京で××祭りが開催されました」

など、まず「何の話か？」を伝えています。そして、その後にニュースの詳細を読んだり、現場のＶＴＲなどが流れて、詳しい解説が始まります。

いきなり細かい話をされても、

「何の話なの？」

「何を言おうとしてるの？」

などと頭のなかが「？」だらけになってしまいますよね。

聞き手は、真っ白な状態で皆さんの話を聞き始めます。そのため、話を始めるときに、まず話の「全体像」を伝えることによって、**聞く人に〝頭の準備〟をしてもらわなければならない**のです。

具体的に言うと、「これから、こういう話をします」と宣言しなければならないということです。これが抜けただけで、途端に相手は話がわからなくなります。

第2章の「会議室の予約」のケースでもそうでしたね。田中さんが電話でどう話を切り出したかを思い出してください。電話を受けた「総務課の担当者」の〝つぶやき〟も付け加えながら再現してみます。

「営業部の田中です。実はですね、明日、エアソルーションという会社の専務が来社することになったんです（**総務課の担当者：な、なに？エアソルーションって何？**）。エアソルーションさんの新商品がすごい売れているそうで、ウチへの発注を増やしてくれそうなんです（**はぁ……、で、何？**）。

それでですね、会議室を取りたいんです（**あ、そういうことね。用件は会議室**

の予約ね。早く言ってよ）が、何時に来社されるのかまだわからないんです。明日の10時に連絡があって、何時にお越しになるか、何人でお見えになるかお知らせいただくことになってます。もしかすると、３人かもしれないし６人かもしれないんですが……**（なんか、ややこしいな……だから何なんだよ？）**」

おそらく、こんな感じだと思います。

何の用件なのかを最初に言わないから、相手の頭の中は「？」だらけになってしまうのです。そして、相手の内容よりも、「何の話だろう？」と考えることに一生懸命になってしまいます。

これでは、相手は話に集中することができません。

だから、最初に「何について話すのか（話のテーマ）」を宣言するのです。

とても簡単なことです。

「営業部の田中です。会議室の予約の件で電話をしました」

たったこれだけです。

これだけで、話は格段にわかりやすくなります。

なぜなら、相手は「はいはい、会議室の予約の件ね」と〝頭の準備〟をすることができるからです。

トークのプロであるお笑い芸人も同じ話し方をしています。先日、「人志松本のすべらない話」を観ていて、その徹底ぶりに感心しました。すべての芸人さんが、自分のネタを話し始めるときに、必ず「あのぅ〜、ウチの母ちゃんの話なんですけど〜」と「話の大枠」を伝えているのです。

わかりにくい話をしているようでは、とても「笑い」はとれません。そのために、芸人さんは完璧に訓練されているのでしょう。「さすがプロだ」と唸らされました。

このように、**「まず相手に概要・大枠を伝え、頭の準備をしてもらう」**ことが非常に重要です。

細かい内容を伝えるのはこの後です。

「結論」を最後に、もう一回繰り返す

まず最初に話のテーマを伝える――。

それと同じくらいの大事なことがあります。

それは「テンプレップの法則」の最後の「P（結論）」です。

テンプレップの順序で伝えれば、相手は「ふむふむ、なるほどね」と言いながら、「そっか、そういう話なら納得できる」と頷《うなず》いてくれます。

ただ、もしかしたら、話の詳細ばかりに気を取られて、そもそも何の話をしていたのか、抜け落ちてしまうかもしれません。じっくり集中力を保って聞いてくれれば、理解はしてくれます。しかし、場合によっては具体的な話だけ記憶に残って、「これって、そもそも何の話だっけ？」とテーマや結論・要点が忘れられてしまうこともあります。

そこで、**最後にもう一度、話の結論・要点を繰り返す**のです。

最後に「ということで、今日はこんな話でした」と話の内容を総括します。そうすることで、全体像を印象に残すことができるのです。相手の頭の中も、「今回は〇〇の話を聞いた」「〇〇という結論だった」とスッキリ整理されていることでしょう。

概要→詳細。

そして、話の最後にもう一度、結論・要点を繰り返す。

これが、「テンプレップの法則」を使ううえでの第一のポイントです。

しっかりと押さえておいてください。

第５章まとめ

Point 1
伝え方の公式「テンプレップの法則」を覚える
Point 2
必ず「概要→詳細」の順番で伝える
Point 3
最後に結論を繰り返して話を締めくくる
正しい順番で話を組み立てるには、たったひとつの「型」を覚えるだけでOK。

わかりやすく伝える

ステップ0　「わかりやすく伝える」4つのステップ

第1章　誰からも「わかりやすい！」と言われる伝え方

ステップ1　「誰に」「何を」伝えるのかを明確にする

第2章　「誰に」「何を」伝えるのか？

ステップ2　相手に伝わる日本語を使う

第3章　スパッと伝わる日本語の使い方

第4章　こんな言葉は伝わらない

ステップ3　話を正しい順序で組み立てる

第5章　最強の伝え方「テンプレップの法則」

第6章　「なるほど！」と言われる伝え方

第7章　相手の記憶に残す伝え方

ステップ4　相手に伝わる言葉に言い換える

第8章　脳の仕組みがわかれば、「伝え方」がわかる

第9章　「わかりやすい伝え方」のトレーニング

第10章　伝え方の「奥義」

納得してもらえなければ、伝えたことにはならない

「テンプレップの法則」を使えば、話を整理して、正しい順序で組み立てることができます。

常に頭の中で「テンプレップ、テンプレップ」と繰り返しながら、「テーマは○○で、話すことはいくつあって、結論は○○で……」と伝える内容を整理することを心がけてください。

それだけで、皆さんの話は相手に伝わりやすくなります。

しかし、それだけでは「わかりやすい！」は完成しません。話した内容を納得してもらえなければ、「伝えた」ことにはならないからです。

ここで、第1章でご説明した、「『わかる』の3つの段階」を振り返ってみましょう。人が「わかった！」となるには、この3つの段階がすべて必要です。

①把握：相手が言っていることを把握する
②納得：相手が言っていることを納得する
③再現：自分ひとりで思い出して、「こういうことだった」と再現する

私たちは「主語と述語を明確に」「一文を短く」「概要から詳細へ」などについて学んできました。これで、「①把握」の段階はクリアーできます。

しかし、**話した内容を「把握」してくれたからといって、「納得」してくれるわけではありません**。

たとえば、相手から「あなたが、言っていることはわかりました」と言われたとします。これはどういう意味でしょうか？　自分が伝えたい内容は相手に伝わったのでしょう。たしかに、相手は内容を理解しているかもしれません。

でも、まだ「納得」していない可能性があります。スキャンダルで逮捕された政治家が「私は、賄賂《わいろ》を受け取っていません」とだけ熱烈に主張しても、「わかった」となりません。もちろん、言葉の意味はわかります。でも、納得はしませんね。「なぜ、受け取っていないと言えるのか？」がわからないからです。

「言っていることがわかる」というのと「それが正しい、と納得する」のは別モノだということです。

そこで、この章では、「納得」にフォーカスして解説します。

「相手に納得してもらうためにはどんなことを伝えなければいけないのか？」

「説得力を増すためには、どんな要素が必要なのか？」

それについて、考えていきます。

論理的に伝えるために、ロジカルシンキングは不要

相手に納得してもらうためには、論理的に伝えることが不可欠です。

非論理的な話に、人は納得してくれません。

「彼は、今の仕事を続けることに不安を感じている。彼は林業を始めるべきだ」

と言われても、まったく納得できませんね。論理的じゃないからです。

同じように、

「経営状態を改善させるために、御社は弊社製の会計ソフトを導入すべきです」

と言われても、「は？　なんで？？」となりますね。「なぜ導入すべきか」の理屈がないからです。**論理的に伝えなければ、納得してもらえない**のです。

ただ、「論理的に」と聞くと、なにやら難しいように感じます。「頭がよくないとできない」「自分にはムリ」などと考えてしまう人もいらっしゃいます。でも、本当はそんなことはないんです。

ロジカルシンキング（論理的思考）を思い起こす人もいるかもしれません。たとえば、コンサルティング会社のマッキンゼーが提唱している「ＭＥＣＥ」です。これは、ある物事について検討するにあたって、モレなく、ダブりなく要素を挙げつくすための思考法です。これから類推して、伝えるときにも「あらゆる要素をモレなく、ダブりなく伝えなければならない」などと考えてしまう人もいます。

しかし、そんなことをしたら逆効果です。**モレなく、ダブりなく伝えようとすると、むやみに細かい話になります。**相手にとってはかえってわかりづらくなるだけです。

「論理的に伝える」とは、〝モレなく、ダブリなく〟とは違いますし、そもそも、そんなに難しいことではないのです。

必要なのは、次の3つだけです。

①結論・要点（Point）
②「なぜそう言えるか？」という理由（Reason）
③「なぜそう言えるか？」を補足する具体例（Example）

明確な結論と、それを納得してもらうための「理由」と「具体例（具体的で客観的な事実）」が、正しい順序で語られれば、それは「論理的な伝え方」になります。この順番、どこかで見たことありませんか？　そうです。さきほど紹介した「テンプレップの法則」の一部です。相手に納得してもらうための「論理構造」が、「テンプレップの法則」には組み込まれているのです。

「納得」を生み出す方程式

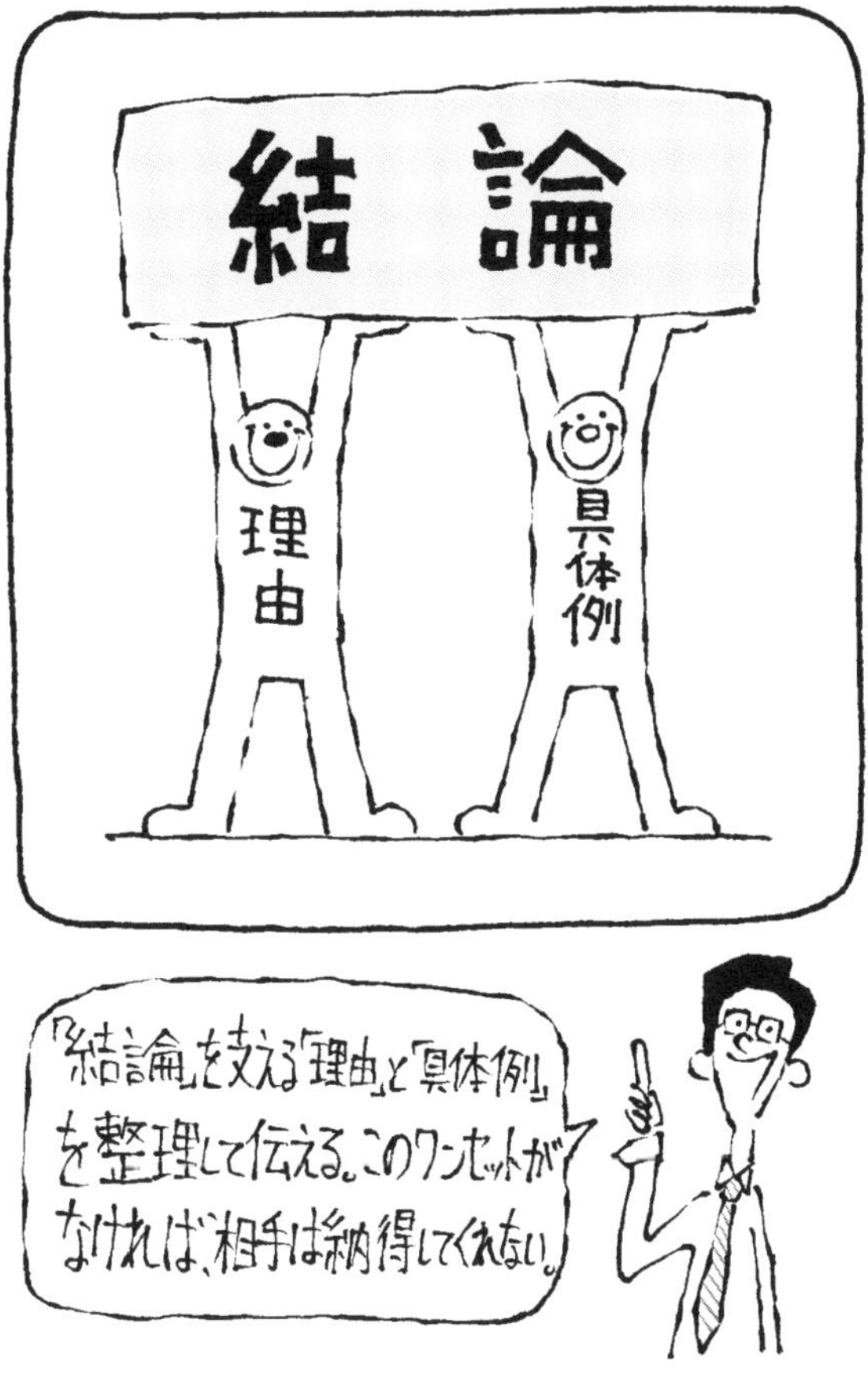
結論
理由
具体例
「結論」を支える「理由」と「具体例」を整理して伝える。このワンセットがなければ、相手は納得してくれない。

たとえば、こういうことです。

「経営状態を改善させるために、御社は弊社製の会計ソフトを導入すべきです」

これだけでは、論理的な説明・提案にはなっていません。話の内容を把握することはできますが、相手は納得しません。しかし、ここに理由と具体例が入ったらどうでしょう?

「経営状態を改善させるために、御社は弊社製の会計ソフトを導入すべきです。**(①結論)**

なぜなら、経営を改善させるための第一歩は、現状把握だからです。自社の会計状態を正確に、かつ迅速に把握することが経営判断を速めます。**(②理由)**

現に、弊社の会計ソフトをご導入いただいた100社のうち、83・7%の社長様が1年以内に経営状態が改善できたとおっしゃっています。**(③具体例)**」

いかがでしょうか。こう伝えられたら、「なるほど、ではうちでも検討してみるか」と感じませんか？　これが論理的に伝えるということなのです。

もし、まだ相手が納得していないようであれば、「Ｒｅａｓｏｎ（理由）」と「Ｅｘａｍｐｌｅ（具体例）」をさらに追加します。そうすれば、みなさんが伝えたい結論に納得してくれるでしょう。

論理的に伝えるために、わざわざロジカルシンキングなどを学ぶ必要はありません。**「テンプレップの法則」を使えば、それだけで論理的に伝えることができる**ようになるのです。

複雑な話は、シンプルな話の積み重ね

この構造は、複雑な話をする場合でも変りません。複雑な話は、シンプルな話

の積み重ねとして捉えればいいのです。

複雑な話には、いろいろな話が絡み合っています。しかし、そんな複雑な話も分解すれば、ひとつひとつは「シンプルな話」になります。テーマを細かく分ければ、必ずシンプルな話になるのです。

シンプルな話は、さきほどの、

①結論・要点（Point）
②「なぜそう言えるか？」という理由（Reason）
③「なぜそう言えるか？」を補足する具体的な例（Example）

の順番に説明すれば納得してもらえます。それを、ひとつずつ積み重ねていけば、複雑な話もわかりやすく伝えることができるのです。

「テンプレップの法則」をベースにしながら、具体的にやってみましょう。

（1）大きなテーマ

わが社の開発投資の方向性についてご提案させていただきます。**【①話のテーマ】**

私は、原材料に化学物質を一切入れず、すべて天然由来のものにする技術の開発に集中投資すべきだと考えております。**【②結論】**

原材料を天然由来のものにすることによって、近年高まりを見せている消費者の「エコ意識」に訴えることができるからです。**【③理由】**

以下、具体的にご説明いたします。

←ここから各論に入る

（２）第１の小テーマ

まず、「エコ商品」の現状についてご説明します。**【④話のテーマ】**

現在、地球環境に配慮したエコ商品が大きな支持を集めています。これは一時的な流行ではなく、時代の流れです。**【⑤結論】**

なぜなら、消費者の「エコ」に対する意識が強くなっているからです。消費者アンケートによれば「エコ商品以外は買わない」が〇×％を占めています。この数字が「時代」を表しています。**【⑥理由】**

実際、数多くのエコ商品がヒットしています。たとえば、A社が発明した電気自動車は異例のヒットになりました。また、B社は原材料をリサイクルする取り組みで企業好感度ランキングが急上昇しています。**【⑦具体例】**

エコ商品が消費者の支持を集めていることを、ご理解いただけたと思います。

【⑧結論・まとめ】

←【⑧結論・まとめ】を根拠に次のテーマに移る

(3) 第2の小テーマ

では、当社はこれから何をすべきでしょうか? **【⑨話のテーマ】**

結論としては、わが社もエコ商品の開発を急がなければならないと考えます。

【⑩結論】

なぜなら、当社はこのエコ商品の開発研究に関して、他社に遅れをとっているからです。**【⑪理由】**

現に洗剤部門では、B社の「リサイクルボトルα」にシェアを奪われつつあり、大手チェーンのZドラッグでも「下半期からエコ商品の陳列棚を増やす」という通達が来ています。**【⑫具体例】**

←「第2の小テーマ」の結論が「大きなテーマ」の結論になる

そこで、わが社としては、ここで遅れを取り戻すために、原材料をすべて天然由来にする研究に、大胆な集中投資を行うべきだと考えます。**【⑬結論】**

＊話をシンプルにするために「Ｎｕｍｂｅｒ（数）」は省きました。

いかがでしょうか？

提案内容が説得力をもって説明されていますね。

この話の構造を図示すると１３５ページのようになります。

シンプルな話を「テンプレップの法則」で伝え、その結論が次の話の根拠となっていることがわかるでしょうか？　そして、「次の話」も「テンプレップの法則」で伝えています。こうして、ひとつひとつの話を積み重ねていけばいいのです。

さらに、注目していただきたいのは、話の全体も「テンプレップの法則」の順番で並んでいるということです。

これが、「論理的に伝える」ということです。

どんなに複雑な話であっても、この要領で論理的に話を組み立てることができます。**「結論＋理由＋具体例」をワンセットにして、ピラミッドの石のように積み重ねていけばいい**のです。

１３７ページをご覧ください。

このピラミッドを下から順番に見ていきましょう。まず、下の「小結論」を理由・具体例とともに伝えます。小結論が正しいことを、相手に理解・納得してもらいます。

そして「小結論」を納得してもらえたら、今度は「小結論」を〝理由〟のひとつとして、ひとつ上にある「中結論１」を説明します。「さっき○○が××だということをお伝えしましたね。だからここから＊＊（中結論１）だと言えるのです」という具合です。

同じように「中結論２」を説明できたら、最後に「中結論１」「中結論２」を根拠として、さらに上層の「最終的な結論」を説明します。

このように、**論理的な説明では、ある話の結論が次の話の根拠となり、また新しいことを説明していきます。**これがすべてつながり、最終的な結論に結び付くのです。それぞれの話が直接、最終結論に結び付いていなくても、頂上まで辿り

「論理的な話」は、こうできている

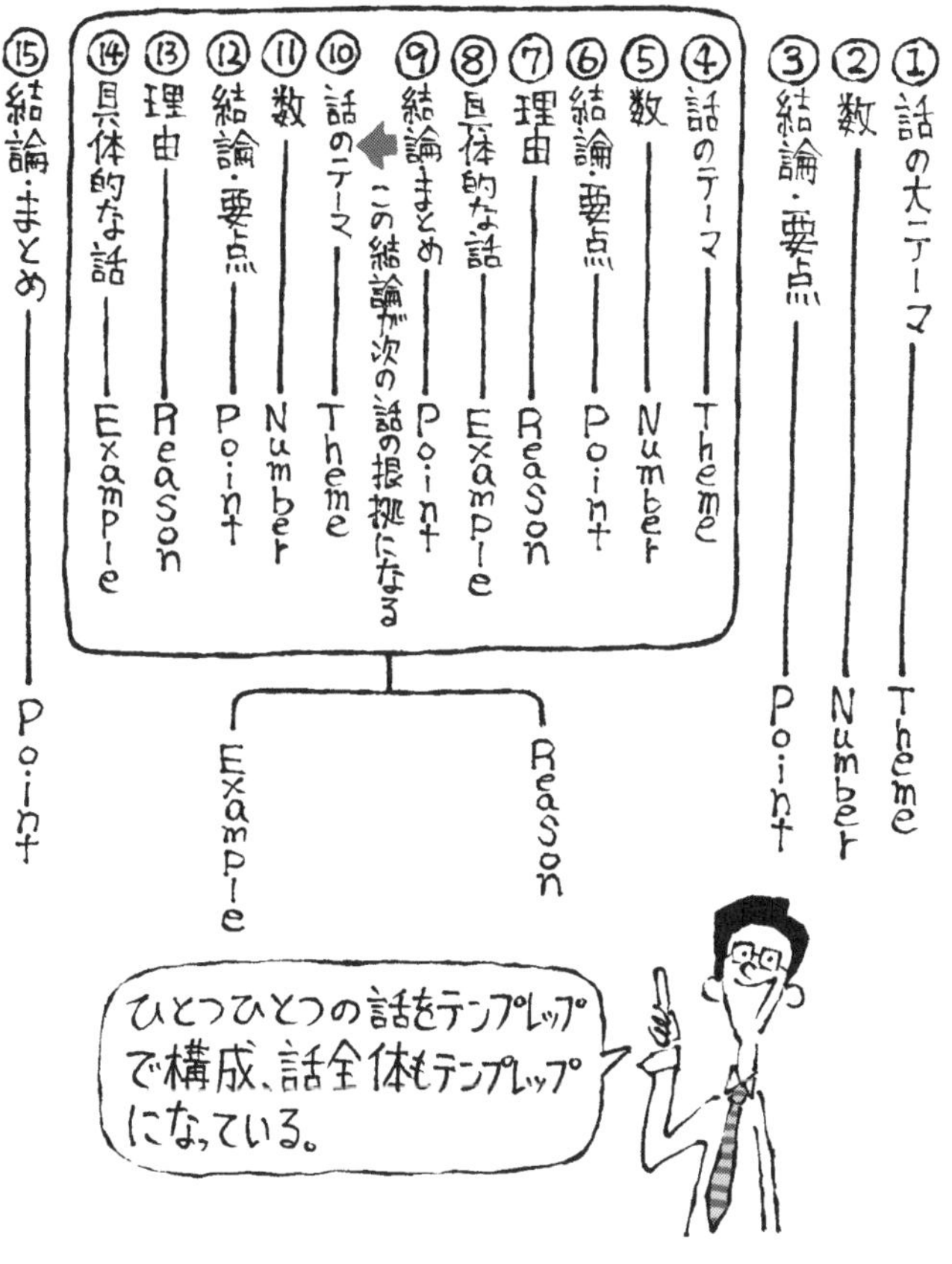

着くための土台として機能しているのです。

この図をイメージしながら、伝えたい内容をひとつひとつ「テンプレップの法則」で積み重ねていけば、どんなに複雑な話でもわかりやすく伝えることができるようになります。

「なぜ、この話をするのか?」も明確にする

複雑な話をするときに、注意していただきたいことがあります。それは、**ひとつひとつの話の「意味づけ」を確認する**ということです。

どういうことか、ご説明しましょう。複雑な話を理解するためには、前提として知っておかなければいけないことがあります。「前提の理解」「予備知識」が必要なのです。しかし、それらは一見、話のテーマと無関係に見えるため、相手は「ん? なぜ、それを話しているの?」と感じることもあります。

「複雑な話」は、こう組み立てる

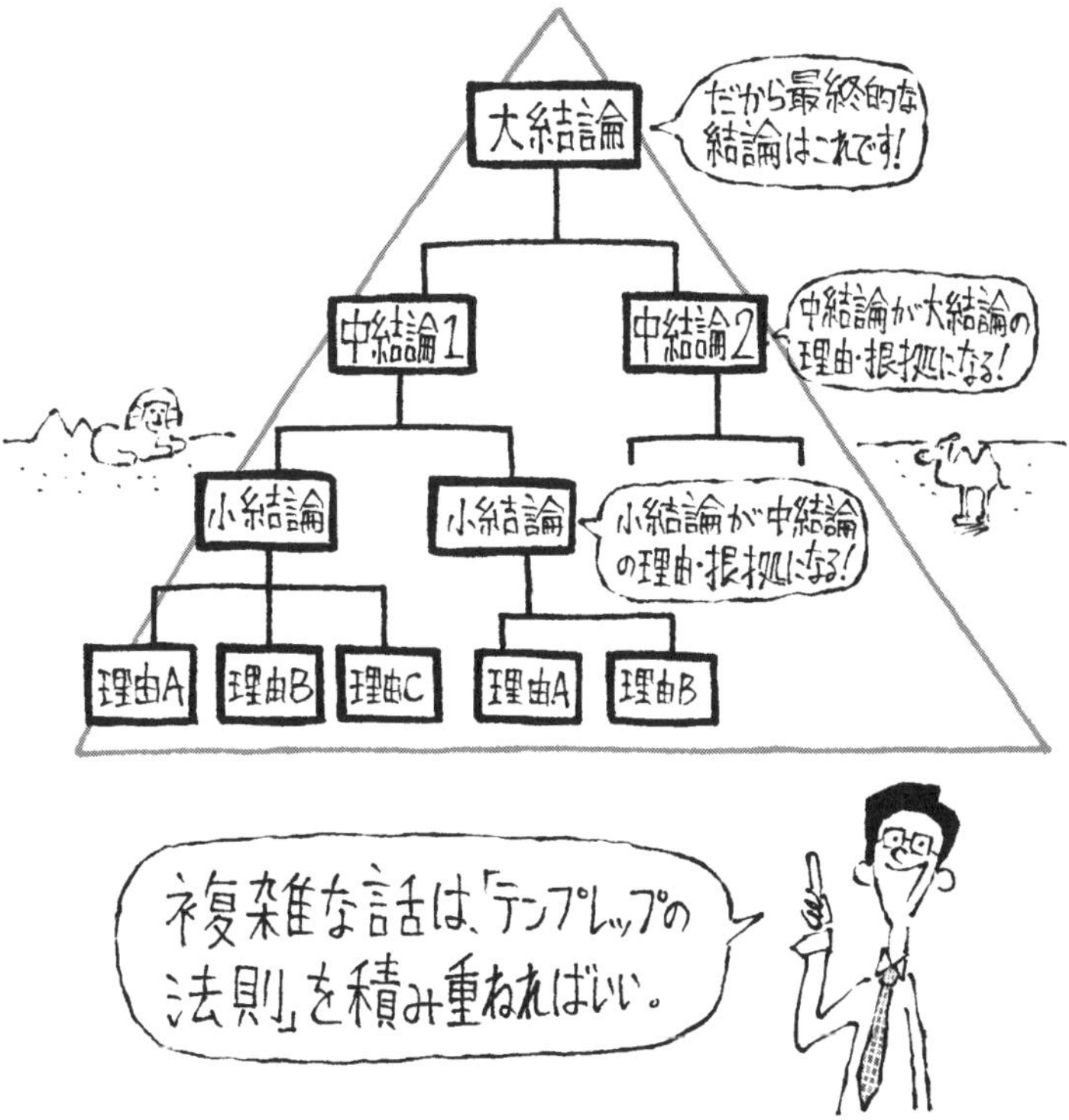

そのため、「前提として知っておいてもらいたいこと」を伝えるときには、「それが結論とどう関係するのか？」「なぜ、それについて今伝えているのか？」について一言添えなければいけません。

たとえば、先ほどのエコ商品の話をしているときに、いきなり「去年、生まれた新生児は約100万人です。ご存じの通り、どんどん少子化が進んでいますし、日本は間違いなく高齢化社会に……」と話し始めたら、聞き手は「？？」となるでしょう。

結論との関係が見えないからです。

そんなときは、その話をする「意味づけ」を加えます。

「去年、生まれた新生児は約100万人です。実は、これがエコ商品が選ばれるひとつの理由にもなっています**【意味づけ】**。というのは、子どもの出生数が減っているため、両親の子どもの健康に対する意識が高まっているからです。化学物質が子どもに影響を与えないか敏感になっているのです……」

こうすれば、聞き手は「なるほど、結論を伝えるためにこの話をしているんだね」とわかります。

このように、「なぜ今、その話をしているのか?」という「意味づけ」を付け加えることで、納得感が圧倒的に増すのです。

他の選択肢を消さなければ、納得してもらえない

「テンプレップの法則」で、論理的に話を組み立てれば、相手は情報を整理できて、納得しやすくなります。説得力をさらに強化したいときには、「Reason(理由)」と「Example(具体例)」を追加し、補強します。

ただ、ここでも注意しなければならないポイントがあります。

いくら論理的に整理して、「これが結論です」と伝えても、相手が納得しないことがあるのです。

たとえば、こういうケースです。

A案、B案、C案の3つの候補があります。あなたは、A案を推していて、A案の素晴らしさを完璧に伝えました。しかし、相手はイマイチ腑に落ちていない。そこで、あなたはより丁寧に、より熱意を込めて、「絶対、A案なんです!!」と訴えます。A案がいいという根拠もさらにプラスしました。相手がイメージできるように、具体的に話をしています。

しかしここで、相手にこう突っ込まれてしまいました。

「B案、C案の検討結果はどうだったの?」

相手に納得してもらいたいときに、私たちは「いかに、A案が正しいか」を丁寧に、力を入れて語ります。これは自然なことですね。でも、いくら「A案の正しさ」を強調しても、相手が納得するとは限りません。

というのは、相手が

「他の可能性はないの?」

「なぜ他の選択肢は間違いなの？」

「B案もいいと思ってたんだけど、どうだろう？」

と考えていたとしたら、いくらA案の正しさを説明し尽くしても納得してくれないからです。

ここで、やらなければならないのは、**「正解が正解である理由」を伝えたうえで、「不正解が不正解である理由」も示す**ことです。「B案とC案は○○という理由でNG。だからA案なんです」ということも言わなければ、相手は納得してくれないのです。

たとえば、こう話します。

「来期の販促計画案についてご提案します**【テーマ】**

A案、B案、C案の3つの候補があります**【数】**

結論から言いますと、A案がベストだと考えています**【結論・要点】**

A案は、従来の手法にインターネット広告を掛け合わせ、リアルとネットの双方で話題を作ることを狙いとしています。これは最近の事例で、もっとも効果が

出たパターンです。また、私がA案を推す最大の理由は、コストパフォーマンスが一番よいからです。**【理由】**

B案は、そもそも予算をオーバーしていますので、検討外でした。またC案はコストも高く、また期待できる効果が不確定のため、リスクが高いと考えられます。**【不正解が不正解である理由】**

そのため、A案がベストだと判断しています。**【結論・まとめ】**」

このように、「他の選択肢がなぜNGなのか?」を伝え、選択肢を消すことで、相手はより深く理解・納得してくれるのです。

第６章まとめ

Point 1　納得してもらえなければ伝えたことにはならない

Point 2　納得してもらうには、話が論理的でなければならない

Point 3　論理的に伝えるために、ロジカルシンキングは不要

Point 4　「結論」を支える「理由」と「具体例」を伝えればいい

Point 5　複雑な話は、シンプルな話の積み重ね

Point 6　他の選択肢を消さなければ、納得してもらえない

わかりやすく伝える

ステップ0　「わかりやすく伝える」4つのステップ

第1章　誰からも「わかりやすい！」と言われる伝え方

ステップ1　「誰に」「何を」伝えるのかを明確にする

第2章　「誰に」「何を」伝えるのか？

ステップ2　相手に伝わる日本語を使う

第3章　スパッと伝わる日本語の使い方
第4章　こんな言葉は伝わらない

ステップ3　話を正しい順序で組み立てる

第5章　最強の伝え方「テンプレップの法則」
第6章　「なるほど！」と言われる伝え方

第7章　相手の記憶に残す伝え方

ステップ4　相手に伝わる言葉に言い換える

第8章　脳の仕組みがわかれば、「伝え方」がわかる
第9章　「わかりやすい伝え方」のトレーニング
第10章　伝え方の「奥義」

「あれ、どういう話だっけ？」では、伝えたことにならない

「あれ？　どういう話だったっけ？」

話を聞いているときは、一文一文の意味は明確にわかるし、話の組み立ても上手で、「なるほど、そういうことね！」と納得しました。でも、次の日になると思い出せない。「あれ？　どうして、あの結論になるんだっけ？」「どういう話だったっけ？」……。

これでは、「わかった」「理解した」とは言えませんね。そして、相手がそう思っていたら、皆さんの伝え方も「わかりやすい！」とはなりません。むしろ「あの人の話を聞いたけど、なんだかよくわからなかった。わかりづらかった」と評価されてしまいます。

「ちゃんと伝えたし、その場では納得したんだから、覚えておいてほしい」と言いたくなる気持ちはわかります。しかし、**伝える立場の人が、伝わっていないことを相手の責任にしてはいけません**。私たちが考えるべきことは「どうすれば相

手が覚えておいてくれるか」です。

そもそも、**人間は外から入ってきた情報の約75%を一日で忘れてしまう**ということが、ドイツの研究で明らかになっています。それくらい、人間とは忘れっぽい生き物なのです。であれば、**伝える側が「記憶に残る」ように工夫するほかありません。**「人間は忘れっぽい」という現実を前提にして伝えていくほかないのです。

では、どうすればいいか？

それが、この章のテーマです。

「相手の記憶に残す」ために、私がいつも意識しているのは、次の５つのポイントです。

①相手が記憶できる情報量に調整する

②「重要ポイント」は繰り返し説明する

③「間違えやすいポイント」は繰り返し説明する
④「暗記ポイント」を明示する
⑤箇条書きで「重要ポイント」を示す

これから、ひとつずつご説明していきましょう。

相手が記憶できる情報量に調整する

話した内容を覚えてもらえない――。

その最大の原因は、情報量が多すぎることにあります。

みなさんが伝えようとしている案件は、たいてい込み入っているものです。そのため、「相手が誤解しないように、いろいろ伝えなきゃ！」と意気込みます。

しかし、**「誤解しないように、正確に伝えようと」としすぎると、情報量が多**

くなりすぎます。その結果、聞いた内容を覚えていられなくなってしまうのです。

たとえば、こういうことです。

小学生に「うるう年」について説明するとしましょう。正確に伝えようとすれば、こうなります。

「『うるう年』とは、太陽暦で1年が３６６日ある年のことです。その年には２月29日があります。太陽暦と地球の自転速度のずれを修正するために、４年に一度設けられているものです。

ただ、『4年に一度、1日増える』のですが、実は４００年に3回は、『うるう年を止める年』があります。そしてさらに、その『うるう年を止める年』も４回に1回は『なし』になります。さらに……」

いかがでしょうか？　もしかしたら、ひとつひとつの説明は理解できるかもしれません。ですが、一度聞いただけで、この説明を覚えていられる小学生は、ほぼいないでしょう。大人ですら難しいです。試しにこの本を閉じて、この説明を思い出しながら別の人に説明できるか試してみてください。おそらくできません。なぜか？　情報が多すぎるからです。「うるう年」を知らない小学生に、いきなりこんな細かいことを伝えても、覚えていられるはずがないのです。

覚えていられなければ、「わかった」ことにはなりません。相手が「わかった」と感じなければ、「伝えた」ことにもなりません。

だから、覚えていられるくらいの情報量にしなければいけないのです。

「通常、1年は365日です。でも、4年に1度、1年が366日になる年があります。その年が『うるう年』です」

このくらいの情報量ならば、すぐに覚えてもらえます。

「うるう年」を知らない子どもに説明するときに、絶対に伝えなければならないのは、「要するに、うるう年とは何か？」ということです。まずは、それをしっかりと覚えてもらわなければいけません。

ところが、**いわゆる専門家は、しばしば「正確性の罠《わな》」に陥りがち**です。何でもかんでも情報を詰め込み、何が何でも正確に伝えようとしてしまうのです。

大学で学ぶ教科書を読むと、どれもこの「罠」に陥っていることがわかります。すべてを最初から〝正確に〟伝えようとするあまり、いきなり重箱の隅をつつくような情報を載せてしまっているのです。まずは大雑把《おおざっぱ》に全体を把握したいのに、〝例外中の例外〟事例まで載っているがために、何が本筋かもよくわかりません。

その結果、大事なポイントも覚えていられなくなるのです。

正確さにこだわって「細かい例外パターン」まで説明すると、話が複雑になって理解しにくくなるだけではなく、記憶にも残らなくなってしまうのです。

ざっくり伝える技術

もちろん、間違ったことを伝えてはなりません。

しかし、細かい情報を詰め込みすぎると、今度は相手が覚えていられなくなってしまいます。

ですから、相手があとから自分ひとりで思い出すことができる範囲に、情報量を調整する必要があります。その範囲内で正確に伝えればいいのです。

別の言い方をすると、**相手に合わせて「ざっくり」と伝えることも大事**、ということです。

たしかに、「生命保険の契約条件」「重要な法律の改正」など、場合によっては「ざっくり」ではいけないこともあるでしょう。誤解があってはいけませんので、最終的には正確に伝え、正確に理解していただく必要があります。

ただし、あくまでも「最終的には」です。まったく前提知識がない人に「この生命保険には特約がありますが、20歳～23歳までの男性には、一部例外がありまして……」と伝えても、理解できるはずがありません。まずは大枠をつかんでもらうことを優先しなければいけません。

そういうときには、「実は細かい例外もありますが、基本的には○○です。それ以外については後ほどご説明します」などと、**「基本的には」「原則的には」という言葉を添えておけば大丈夫**です。そうすれば相手は、「ああ、例外もあるということだな」とわかってくれます。

もちろん、**どのくらいの情報量を伝えるかは状況次第**です。

相手が専門家であれば、かなりつっこんだ情報を伝えても覚えていられます。

また、伝えるために与えられた時間によっても変わります。たっぷり時間があれば、情報量を増やしても、丁寧に説明することで覚えていてもらえるはずです。

あるいは、伝える目的によっても変わります。重要な会議で詳しい情報を提供しなければならないときは、事細かに説明する必要があるでしょう。しかし、喫煙所の立ち話をするのならば、同じ話でもかいつまんで話したほうが相手には伝わります。

これは第2章で伝えた「『誰に』『何を』伝えるかを明確にする」ということですね。ここでもその大原則が重要なのです。

「重要ポイント」は繰り返し説明する

話はシンプルに——。

これは、伝えるときの鉄則です。

しかし、ここでも重大な誤解がされています。

それは、「一度説明したことは繰り返してはいけない」という誤解です。

「説明は一度だけすればいい（一度だけ伝えればＯＫ）」

「何度も繰り返すとシンプルな話にならない」

と考えている人が非常に多いのです。

特に、ＭＥＣＥ（モレなく、ダブりなく）の考え方をもっている人は、説明がダブらないようにと随分と気を遣います。たしかに、そうすると、シンプルでスマートな話にはなります。しかし、実は、それでは大事なポイントを相手の記憶に残すことができなくなって、わかりづらい伝え方になってしまうことがあるのです。

もちろん、話はシンプルでなければなりません。

結論を明確にし、「テンプレップの法則」で正しい順序で話を組み立てて伝えるべきです。無計画に何度も同じ話題を繰り返すのは「わかりやすい伝え方」ではありません。

しかし、大事なポイントについては、何度も繰り返して伝えることが重要です。白い画用紙に絵の具を一回塗っても、薄くしか残りません。しかし、何度も重ね塗りすれば、色がどんどん濃く、はっきりとしてきます。それと同じです。

大事なポイントは、**何度も繰り返し説明することで、相手の記憶にしっかりと定着させなければならない**のです。

「習う」という言葉には、「繰り返す」という意味が入っているのをご存じでしょうか？

辞書を引くと、「習う」には、

・教わったことを繰り返し練習して身に付ける。

・経験を積んで、慣れる。習慣となる。
・慣れ親しむ。
と書いてあります。つまり、繰り返すことが「習う」ことなのです。

皆さんも、学校の教科書にアンダーラインを引きましたよね？

それは重要なポイントを目立たせて、何度もそのポイントを意識することで覚えるためです。

あるいは、受験のときに英単語帳をつくりましたよね？

英単語の意味を一度勉強してもすぐに忘れてしまいます。だから、何度も繰り返してインプットして、記憶に定着させようとしていたのです。

重要なポイントは繰り返し刷りこまなければいけない——。

これは、私たちが、学生時代にやっていたことです。そのことを思い出してもらえれば、伝えるときには「重要ポイント」を何度も繰り返さなければならないことをご理解いただけるはずです。

「間違えやすいポイント」も、繰り返し説明する

「繰り返し」が必要なのは、「重要ポイント」だけではありません。

間違えやすいポイントも、繰り返し注意を促しながら伝えるようにしなければなりません。

「なぜか、いつも同じところで間違えてしまう……」

そんな経験はありませんでしたか？　学校の勉強で、何度も同じ問題で間違えたことがあるという人は多いと思います。しかも、いつも同じように間違えてしまう。

これは、自分の中に何らかの思い込みや思考回路のレールがあって、放っておくと、ついついそのレールに乗って進んでしまうことが原因です。だから、間違えているポイントをしっかり意識したうえで、「そうじゃない！」と自分に印象づけなければ、いつまでも同じ間違いを繰り返すことになってしまうのです。

逆に、伝えるときには、相手が間違えやすいポイントや誤解しそうなポイント

があれば、そのことを指摘したうえで、「そうじゃないですよ！」と否定しなければなりません。

たとえば、「アメリカの首都」がそうです。首都は、「ニューヨーク」ではありませんね。「ワシントンD.C.」です。しかし、ニューヨークの方が圧倒的に有名で、「首都っぽい」ため、日本人はよく間違えます。

このような「間違えやすいポイント」を伝えるときには、その都度相手が誤解していないか確認しなければいけません。一度「アメリカの首都は、ワシントンD.C.です」と伝えても、しばらくして「先週、日本の総理大臣がアメリカの首都を訪問しました」と言うと、相手は再び「ニューヨーク」をイメージしているかもしれません。だから、その都度、「アメリカの首都はニューヨークじゃないですよ、ワシントンD.C.ですよ」と確認して、間違いを修正しなければいけないのです。そして、相手の頭に、「アメリカの首都はワシントンD.C.」と強く刷り込んであげるのです。

さもないと、しばらくたって思い返したときに「？？？」となってしまいます。

あいかわらず、「アメリカの首都はニューヨーク」と思っている人が、「アメリカの首都には、日本人に有名な観光地がないので……」という話を思い出そうとしたら、「でも、〝自由の女神〟があるよね？」と思って、「どういう話だったっけ？」とわからなくなってしまいます。

間違えやすいポイントは、何度も繰り返して相手の頭に刷り込んでおかなければならないのです。

「暗記ポイント」を明示する

話の内容をわかってもらうためには、論拠となるデータや主張を覚えてもらうことも必要です。つまり、暗記が必要なのです。

説明・主張したい内容が単純なものであれば、わざわざ暗記してもらう必要はないかもしれません。ですが、相手を説得する場合には、段階を踏んで説明しなければいけないこともあります。そのようなときには、結論の根拠となるデータや情報を暗記してもらわなければ、再現不能になってしまうのです。

たとえば、会社の新規ビジネスを投資家や銀行に説明するときには、その新規ビジネスをやろうと思った背景や市場環境を、前提条件として知っておいてもらわなければいけません。そして、途中途中で出すデータを頭の中に入れてもらいつつ、その次の話を聞いてもらわなければいけません。

ここで欠かせないのが「暗記」です（ビジネスでは「暗記」と言わず「押さえておく」と言ったりしますね）。話したことを覚えておいてもらわないと、その次の話を理解することができません。ましてや、後で再現できるはずもないからです。

だから、
「日本の世帯数が約５０００万世帯だということは、押さえておいてくださいね」
「A社の売上は１００億円、B社は50億円です。この後の説明に必要な情報なので、忘れないようにメモしておいてください」

などと、「暗記ポイント」は何度も繰り返さなければなりません。

相手が暗記するまで、繰り返すのです。

かつて、日本の教育は暗記偏重と揶揄《やゆ》されました。そのため、「暗記は悪」と考えている人もいます。会社でも、「データを暗記しているだけでは、まったく役に立たない」と言われてきた人も多いでしょう。

たしかに、データを暗記しているだけでは意味がありません。

しかし逆に、情報をまったく暗記せずに、物事を理解できるでしょうか？　絶対に無理です。暗記しなければ、その情報は知識になりません。そして、ある程度のベースの知識がなくては、物事を理解することもできないのです。

日本の教育の問題点は、「暗記させるだけで、自分で考える余地が少ない」という点にあります。

暗記すること自体が「悪」なわけではないのです。

何かを伝えるときも、しっかり理解してもらうためには、相手に「暗記」してもらわなければなりません。

そこで重要になるのは、自分の説明を理解してもらうために、何を「暗記」してもらわなければならないかを絞り込むことです。

皆さんの話の中で、押さえて（覚えて）おかなければ、あとの話が理解できなくなるポイントはどこでしょうか？　人は一度に多くのことは記憶できません。できるだけ「暗記ポイント」を絞り込んで、そのかわりに、そのポイントについてはしつこいくらいに繰り返し強調して、しっかり覚えてもらうことです。

「理屈」を伝えたほうが、記憶に残りやすい

忘れやすい・間違いやすい知識は、何度も繰り返して、相手に刷り込まなければいけません。ただ、知識だけを刷り込むよりも、「理屈」を腑《ふ》に落とすことができれば、そのほうが確実に相手の記憶に残すことができます。

たとえば、円高と円安。1ドル100円から、1ドル110円になりました。これは円安でしょうか？　円高でしょうか？

正解は、「円安」ですね。このとき「1ドル100円が110円になったら〝円安〟だからね」と知識として刷り込むのは結構大変です。なぜなら、1ドル100円→110円と円が増えており、これを「増えている＝円高になっている」と勘違いしてしまうからです。

一度、「1ドル100円が110円になるのは〝円安〟」と教えてもらって〝わかった〟としても、半年後には「あれ、どういうことだっけ？　やっぱり110円に増えているから円高のような気がするけど……」と混乱してきてしまいます。

「1ドルが100円から110円になったら〝円安〟」という理屈がわかっていないからです。これでは、自分で「再現」できません。だから、理屈を腹落ちさせなければいけません。

そこで、私はこう説明するようにしています。

「1ドル100円とは、〝1ドル札〟というモノを買うのに100円必要ということです。1ドル110円とは、〝1ドル札〟を買うのに110円が必要になったということです。

同じモノを買うのに、これまでは100円で済みました。しかし、これからは110円払わなければいけません。これは1ドル札が値上がりしたからです。1ドル札が高くなったからです。

つまり〝ドル高〟になったのです。ドルが高くなれば、相対的に日本円は安くなったことになります。だから〝円安〟です」

こうして、円高円安の理屈を腹に落してもらうのです。

「1ドル100円が110円になったら〝円安〟」ということを知識として暗記してもらうよりも、その**理屈を完全に腹に落してもらったほうが、絶対に記憶に残ります**。それは、皆さんにも経験的にわかるはずです。そして、この理屈を相手が頭の中で再現できれば、もう円高円安で迷うことはなくなります。

知識だけでなく、理屈で再現させることができれば、それに越したことはないのです。

箇条書きで「重要ポイント」を見せる

　ここまで、相手に伝えた内容を記憶してもらい、あとで再現してもらうためのコツについてお話ししてきました。

　最後にダメ押しの方法をお教えしておきましょう。

　それは、「重要ポイント」のみを抜き出して「見せる」ということです。そして、そのときには、必ず「箇条書き」にするということです。

　皆さんの伝えたいことには、いくつも「重要ポイント」がありますね。それを、紙でも、パワーポイントでも、何でもいいので、箇条書きにして見せるのです。

　そして、重要ポイントについて繰り返すときに、そこを指差しながら視覚でも確認してもらうのです。**目と耳の両方で確認することで、確実に記憶への定着が**

強くなります。

ダラダラ文章で書いてはいけません。必ず、箇条書きにしてください。短い言葉でなければ、記憶には残りません。そして、箇条書きを上から下まで眺めてもらうことによって、話全体の流れを辿りつつ、重要ポイントを確認してもらうことができるのです。

・プレゼンの最後に「今日お伝えしたこと」を箇条書きでリストアップする
・資料を渡して、それを持ち帰って見返してもらう
・ビジネスで打ち合わせをしたときには、議事録代わりにポイントを箇条書きにしてメールする

このように、記憶に残してもらうためには、視覚と聴覚など複数のルートで重要なポイントを刷り込むことを意識するといいでしょう。

ただし、注意していただきたいポイントがあります。箇条書きにするときには、必ず文章で書きます。よく、単語だけを並べて箇条書きにする人がいますが、単

語だけ並べられても意味がわかりません。

●相手に話の内容を覚えてもらうためのポイント

・情報量
・繰り返し
・暗記ポイント
・箇条書き

これでは、意味がわかりませんね。口頭で補足しなければ、「あれ、何のことだっけ？」となってしまいます。

●相手に話の内容を覚えてもらうためのポイント

・相手が記憶できる情報量に調整する
・「重要なポイント」「間違えやすいポイント」は繰り返し説明する
・話の前提となる「暗記ポイント」を明示する

・箇条書きで重要ポイントを示す

このように「文章」にして並べなければいけないのです。相手に記憶してもらうために使う「箇条書き」は、話の全体像を思い出してもらうためのものです。だらだらと書かず、重要なポイントだけをまとめなければいけませんが、話の内容を思い出せなければ意味がありません。

ですから、**箇条書きは、「単語」だけでなく、「文章」で書きましょう。**

＊

これらのポイントを意識しながら伝えていただければ、きっと、皆さんの話は相手の記憶に残ってくれるはずです。そして、時間がたっても、「そういえば、あの人はこういう話をしていたな」と、同じ内容の話を頭のなかで再現してくれるのです。

ここまでできたときに、はじめて私たちは「伝えた」と言えるのです。

最後にもう一度、振り返っておきましょう。

「わかる」の３つの段階【対応策】

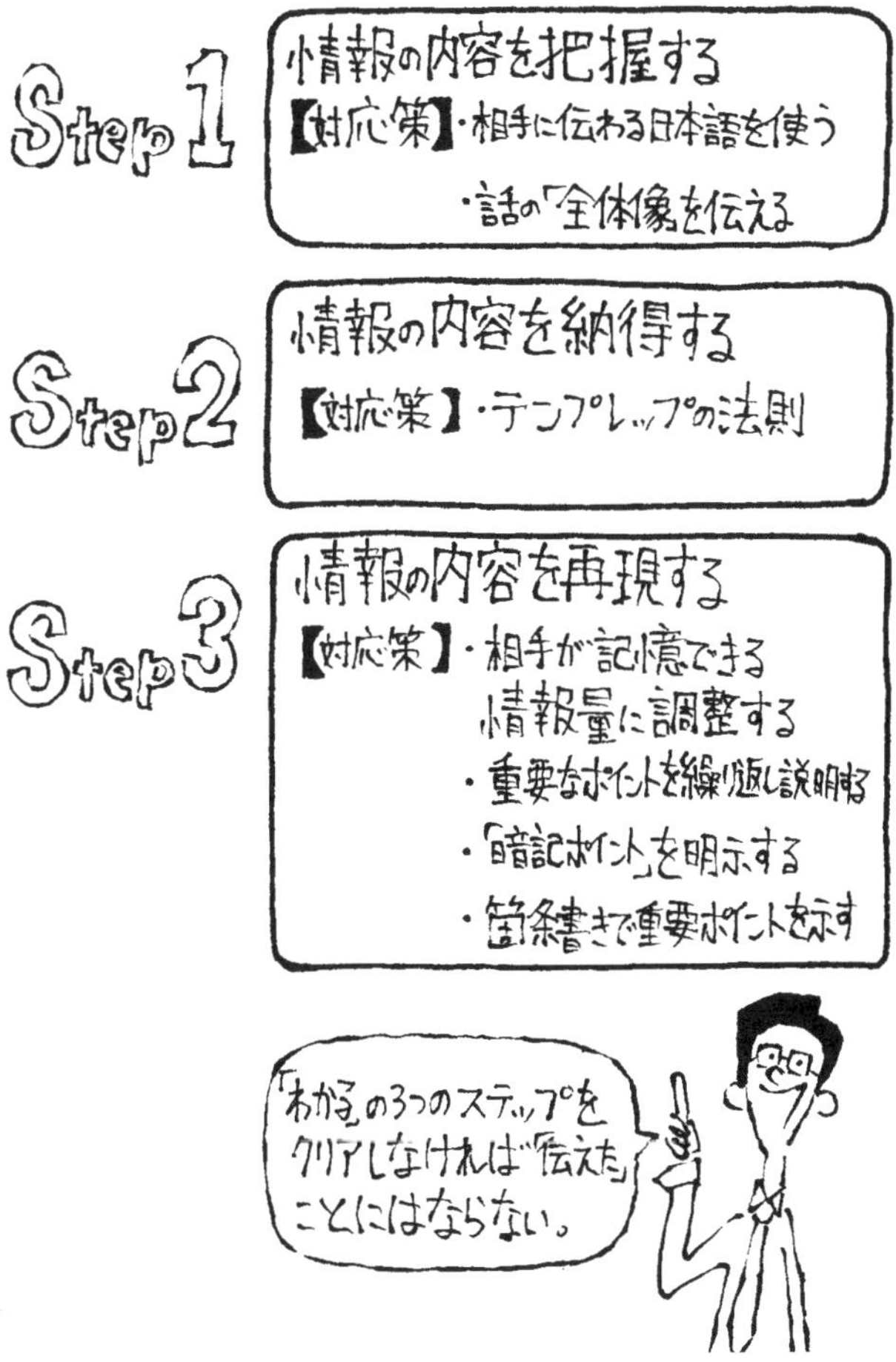
Step1
情報の内容を把握する
【対応策】・相手に伝わる日本語を使う
・話の「全体像」を伝える
Step2
情報の内容を納得する
【対応策】・テンプレップの法則
Step3
情報の内容を再現する
【対応策】・相手が記憶できる情報量に調整する
・重要なポイントを繰り返し説明する
・「暗記ポイント」を明示する
・箇条書きで重要ポイントを示す
「わかる」の3つのステップをクリアしなければ「伝えた」ことにはならない。

「わかる」には3つの段階がありましたね。

第1に「把握」。話している言葉や文章の意味がわからなければ、何ひとつ理解することはできません。だから、「主語」と「述語」を明確にしたり、一文一文を短くしたり、難しい言葉を言い換えたりする必要がありました。

しかし、話している意味は把握できても、その内容に納得できなければ「わかった」ことにはなりません。だから、第2に「納得」という段階があります。そのためには、「テンプレップの法則」を使って、「結論」を支える「理由」と「具体的な話」をしっかりと押さえなければなりません。

そして、第3が「再現」でした。この点については、本章でじっくりとご説明してきました。

この3つが揃わなければ、皆さんの話が「伝わった」ことにはなりません。このことを、しっかりと頭に入れておいていただきたいと思います。

第７章まとめ

Point 1 相手が話の内容をひとりで再現できなければ「伝わった」とはいえない

Point 2 相手が記憶できる情報量に調整する

Point 3 「重要ポイント」を繰り返し説明する

Point 4 「間違えやすいポイント」を繰り返し説明する

Point 5 「暗記ポイント」を明示する

Point 6 箇条書きで「重要ポイント」を見せる

わかりやすく伝える

第8章

脳の仕組みがわかれば、「伝え方」がわかる

「わかりやすく伝える」ために、本当に大切なこと

内容を「把握」できなければ「わかった」ことにはならない。
内容を「納得」していなければ「わかった」ことにはならない。
内容を覚えて「再現」できなければ「わかった」ことにはならない。

ここまで、この「わかる」の3段階をもとに、伝え方のテクニックをご説明してきました。これまでご説明してきた手法を使えば、「あなたの話はわかりづらい！」と言われることはなくなるでしょう。これが、皆さんの「伝える技術」の基盤となります。

これらの手法が日本中に広まれば、「伝えたいのに、うまく伝わらない！」「あの人は何を言いたいのかわからない！」という**〝ストレス〟は格段に減るはずです**。職場でもプライベートでも、お互いに伝えたいことが伝わるようになります。

しかし、実は、これだけでは足りません。

誰からも「わかりやすい！」と言われるようになるには、さらに「伝え方」を発展させていかなければならないのです。

そこで、ここから「発展編」を始めます。

池上彰さんのニュース解説を思い出してください。非常にわかりやすいですよね。池上さんの解説・伝え方は、ここまでお伝えしてきた鉄則に沿っています。ご本人が意識されているかは不明ですが、客観的に見るとそう思えます。

ですが、皆さんが第7章まででお伝えした「伝え方の鉄則」をマスターしたら、すぐに池上さんのようになれるかというと、実はそうではありません。池上彰さんの説明が抜群にわかりやすいのは、これらの鉄則の上に、別の能力があるからなのです。

①相手に合わせて、相手が理解できる言葉で伝える。

②相手に合わせて、相手が理解できる〝論理の行間〟で伝える。

この2つの能力です（「論理の行間」については第9章でくわしくご説明します）。

これも、ご本人が意識しているかどうかはわかりません。しかし、これこそが池上彰さんが池上彰さんたる所以《ゆえん》だと、私は思います。


では、これは池上さんだけの特殊能力なのでしょうか？

彼が生まれ持った天性の才能なのでしょうか？

そうではありません。野球やゴルフと一緒で、正しい知識に基づいた正しい練習方法を知り、トレーニングをすれば、上達していくのです。現に私自身も、大学受験予備校でその「やり方」を知り、その後の大学生活で練習を重ねたことで、「わかりやすく伝える方法」を身につけることができました。つまり、**誰にでも身につけられるスキルなのです**。

その能力を身につけるために知らなければいけない「正しい知識」とは何か？

どんな練習をすればいいのか？

これからご説明していきましょう。

同じ言葉で伝えても、同じようには理解されない

多くの人が勘違いしているポイントがあります。

それは、「同じ言葉を伝えれば、同じように理解される」という勘違いです。

実は、これが「わかりづらい！」の最大の原因なのです。

同じ言葉を投げかけても、相手が全員、同じイメージを抱くとは限りません。

これは「伝える」ときに、押さえておくべき非常に重要な事実であるにもかかわらず、ほとんどの人が意識していません。


ここは少し補足が必要ですね。これから具体的にご説明します。

皆さんが１００人を前にして、何かを説明するとしましょう。目の前にいる１００人があなたの話を聞いています。当然、皆さんが発する言葉は、全員に同じように届きます（「聞こえる・聞こえない」ではなく、同じ文字列として届きますね）。そのため、皆さんは１００人に対して同じように伝わり、１００人が

同じように理解すると思っているでしょう?

でも、それは違います。

相手が100人いたら、100通りの理解がされる可能性があるのです。

どういうことでしょうか?

たとえば、あなたは「携帯電話」と聞いて、どんな物体を思い浮かべますか? iPhoneなどのスマートフォン、もしくはガラケーといわれる従来の日本メーカー製の折りたたみ式携帯をイメージする人も多いでしょう。しかし、人によってはお年寄り向けの「らくらくフォン」や子ども向けの「キッズケータイ」をイメージする人もいるでしょう。

「ふつう、携帯って言ったら、スマホのことでしょ?」と思った方、危ないです。それはあなたの勝手な思い込みです。「らくらくフォン」も「キッズケータイ」も携帯ですよね? 「ガラケー」を好んで使う人も大勢います。

このように、「けいたいでんわ」という同じ文字列を伝えても、聞いている人がイメージするものは違うのです。そして、イメージするものが違えば、それが意味する内容が変わるのも当然のことです。

つまり、「けいたいでんわ」という言葉を発した瞬間に、皆さんが思い描いているイメージから少し離れてしまった人がいるわけです。皆さんがｉＰｈｏｎｅをイメージして「けいたいでんわ」と言ったのに、相手が「らくらくフォン」をイメージしたとすれば、皆さんの伝えたかったイメージは伝わっていないということです。

「人によって、受け取り方が違う」

簡単に言うと、そういうことかもしれません。しかし、「世の中いろんな人がいるからねぇ」で終わらせることはできません。発した言葉が百人百様で理解されるのを「仕方ない」と放置していては、誰に対しても伝えたい内容を届けることができないからです。

では、どうすればよいのでしょうか？

まず、なぜ人はそれぞれ理解の仕方が違うのかを知ることです。そのうえで、どうしたら意図通りの理解をしてもらえるかを考えるのです。

脳は言葉をイメージに変換する

では、なぜ、人の理解は百人百様なのでしょうか?

その答えは、人間の脳の仕組みにあります。

人間の脳は、「けいたいでんわ」などという文字列で入ってきた情報を、すでに自分の頭の中にあるイメージと付け合わせて理解しようとするのです。そのイメージを**「心像《しんぞう》」**といいます。「心に持つイメージ（像）」だから「心像」です。

つまり、こういうことです。**脳は、外から情報が入ってくると、自分の中にあるイメージを引っ張り出し、「いま入ってきた情報は、前から知っていたこれのことだね」といって処理するのです。**「サクラ」という文字列を見聞きしたら、皆さんは春に咲くあのピンク色の花をイメージし、「あの花のことね」と理解します。「ガッコウ」と聞いたら自分が通っていた学び舎を思い浮かべるでしょう。

重要なのは、ここで情報が文字から「自分の頭の中にあったイメージ」に変換されるということです。

人間同士は言葉で意思の疎通を図りますし、他人に説明をするときには言葉で伝えます。そのため、人間は言葉（文字列）でものごとを理解していると感じるかもしれません。しかし、脳の仕組みはそうなっていないのです。脳は、耳から入ってきた文字列を「すでに持っているイメージ」に変換して理解しているのです。

ここで問題が起こります。

耳から同じ言葉（文字列）が入ってきても、**頭のなかでその言葉をイメージに置き換える過程で、人によって「差」が生まれてしまう**からです。耳に入った文字列は同じでも、各自が頭の中で独自のイメージに変換をする、すなわち、独自に情報を変えてしまうのです。

もちろん、「白」を「黒」に変換してしまうようなことは通常ありません。ですが、さきほどの例のように「けいたいでんわ」という文字列からｉＰｈｏｎｅをイメージする人もいれば、「らくらくフォン」をイメージする人もいます。「当たらずとも遠からず」のイメージに変わっていってしまうのです。

同じ言葉でも、人によってイメージは違う

別のケースを紹介しましょう。

かつて、私が株式会社サイバーエージェントでインターネット広告の営業をしていた2004年ごろの話です。インターネットバブルを経験した後だったものの、ようやくADSLが出始めたころです。当時はまだ、インターネットに対する一般的な認知は低く、まだまだこれからという状態でした。そんなときの話です。

あるとき、とある場所で知り合った50代の中小企業の社長さんと話をしていました。

「木暮君、インターネットの会社に勤めてるんだって?」

「はい、そうです。これからはインターネット広告がどんどん伸びると思いましたので。Aさんの会社はホームページ持たないんですか?」

同じ言葉でも「伝わり方」は違う

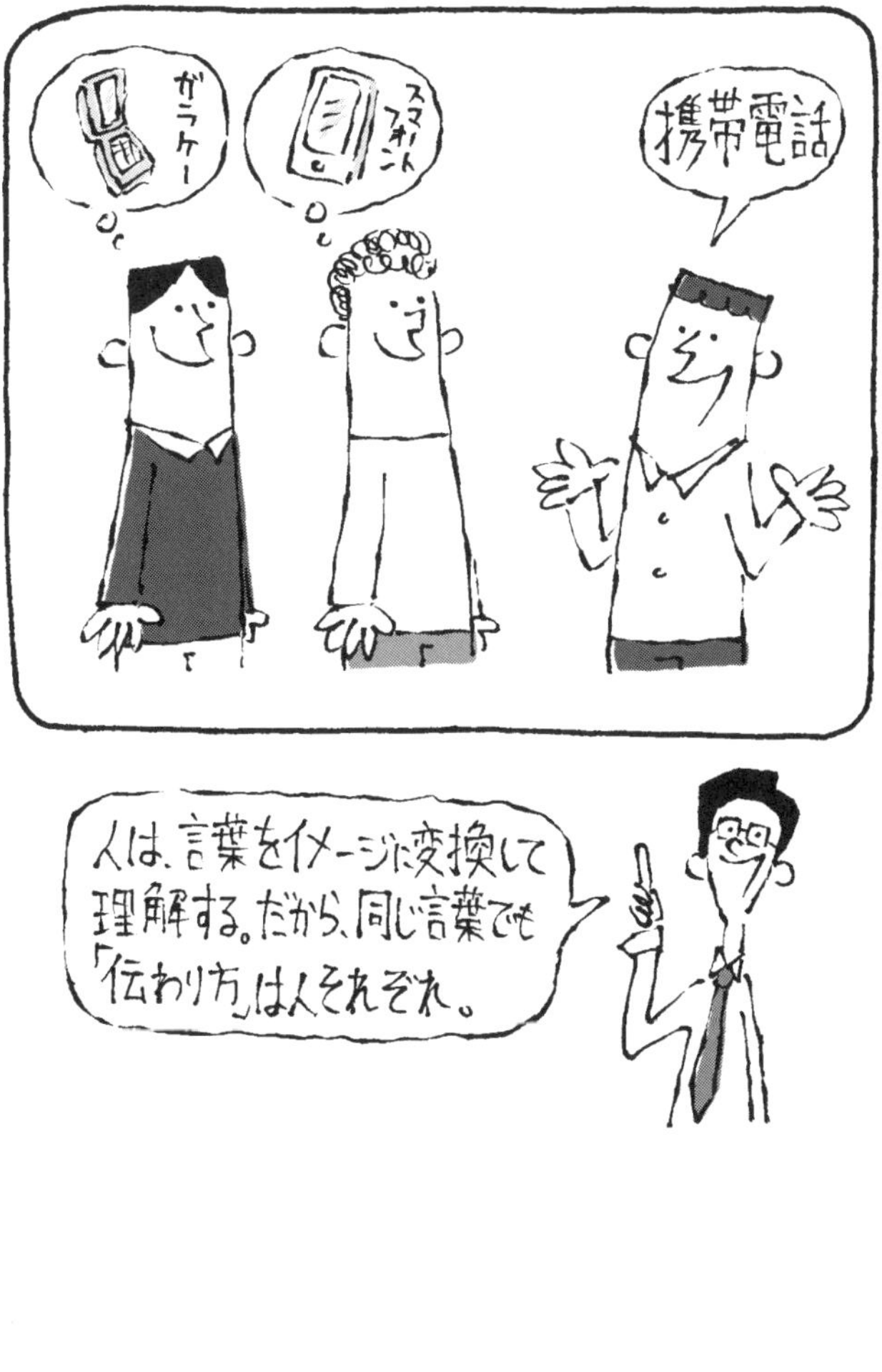

「ホームページ？？うちは不動産屋だよ？そんなの持つわけないでしょ」

「でも、これからインターネットの時代なので、ホームページは作っておいた方がいいと思いますよ」

「いやいやいや、いらない。あんなニュースないし、他の企業の広告載せる商売もしたくないよ」


ここで、私は、このＡさんが勘違いしていることに気づきました。Ａさんは、いわゆる「ホームページ」ではなく、「Ｙａｈｏｏ！」をイメージしていたのです。

今となっては笑い話ですが、当時は、「ホームページ＝Ｙａｈｏｏ！」と勘違いしている人が結構いました。そのため、「ホームページ」という単語から、「Ｙａｈｏｏ！」の画面をイメージしてしまったのです。だから、「御社もホームページを作ったら？」というフレーズが、「御社もＹａｈｏｏ！を作ったら？」という意味に変わったのです。

そうなると、いくら私がホームページの役割や重要性を訴えても伝わりません。

Aさんには「御社も、Ｙａｈｏｏ！を作った方がいいですよ」と聞こえているので、「そんなものはいらない」と答えるに決まっているのです。

このように、**同じ言葉でも、人によって別々のものを思い浮かべていることはよくあります。**

こういうことが起きるのは、人が「心像」（すでに自分の中にもっているイメージ）と付け合わせて、ものごとを理解しているからなのです。

これを、「Aさんが誤解したんだね」で済ませてはいけません。

たしかに、ホームページ＝Ｙａｈｏｏ！ではありません。しかし、Aさんは「ホームページ」という言葉を耳にすると、頭の中で自然に「Ｙａｈｏｏ！」のイメージに変換されてしまうのです。それが、Aさんにとっては「自然な発想」なのです。

だから、「Aさんが勘違いしなければいい！」と言ったところで、意味がありません。「私の話が伝わらないのは、あなたの思考回路がおかしいからだ」と考えるのは間違いなのです。むしろ、**相手に違う「心像」を思い描かせるような言葉を使ったことを反省すべき**なのです。

相手が意図どおりのイメージをもつ「言葉」を選ぶ

そう考えると、

「正しい言葉を使って、正しく表現をすれば、伝えたいことがそのまま正しく伝わる」

ということが誤りだと気づきます。皆さんが投げかけた**言葉が〝辞書的に正しい〟かどうかは問題ではありません**。率直に申し上げて、そんなことは「どうでもいい」のです。

人は、言葉を投げかけられたときに、それに反応して無意識的にある「心像」を引っ張り出します。これは、その人にとっては「自然な発想」なのです。その

「自然な発想」を「間違っている」と言っても意味がありません。

むしろ、相手の「自然な発想」＝「この言葉でどんな心像を引っ張り出すか（どんなイメージを想起するか）」を把握したうえで、言葉を選ばなければならないのです。

これは、とても重要なことなので、繰り返します。

重要なのは、自分がどんな〝文字列〟を伝えるかではなく、その文字列によって、相手がどんな「心像」（イメージ）を抱くかです。

同じ言葉を投げかけても、その言葉によって引っ張り出される「心像」は人それぞれです。

正しく伝えたいのであれば、正しい（意図どおりの）イメージを描いてもらえるようにしなければならないのです。

そのためには、**投げかける言葉を相手によって調整する必要があります。**

伝え手である皆さんが言葉を変えなければいけないのです。

脳は、あるイメージから、自動的に「連想」を膨らませる

注意しなければならないのは、「心像」だけではありません。もうひとつ意識しなければいけないものがあります。

それは**「スキーマ」**です。

人は、言葉をイメージに変換します。

それが「心像」でした。

しかし、そのイメージには別の情報がくっついています。

あるイメージを思い浮かべると同時に、そのイメージの「関連情報」も無意識的にイメージしてしまうのです。

この関連情報を「スキーマ」といいます。

このスキーマは、ある事柄に対して

「その人が無意識のうちにしてしまう、ある決まったものの見方、考え方」

のことです。

「固定観念」「偏見」「思い込み」と言ってもいいかもしれません。「〇〇と言えば××」というような連想に近いものです。

たとえば、携帯電話と聞くだけで、「メールが送れる」「ネットを見ることができる」「ゲームができる」などと思い浮かべるでしょう？

これが、スキーマです。

しかし、「携帯電話」はあくまでも「携帯できる電話」ですから、メール、ネット、ゲームができるとは限りません。「できる」とは誰も言っていないのです。

にもかかわらず、自然に連想を働かせ、「携帯電話だったらメールができる、ネットが見られる、ゲームができる」と考えてしまいます。そして、メールやゲームができない機種があると、「え!? なんで??」と感じてしまう。

それは、スキーマをもっているからです。

相手の「連想」がズレていれば、話は伝わらない

先日、私もこんな経験をしました。

自分の講演の講義録をつくろうと思い、ボイスレコーダーを買いに行きました。録音した音声を、テープ起こし業者（音声をワード文章にタイピングしてくれる業者）にデータで送ろうと思っていたのです。

ところが、購入したボイスレコーダーをパソコンに接続することができませんでした。そのボイスレコーダーは、録音した音声を搭載《とうさい》されているスピーカーで再生することしかできない機種だったのです。

「え！　なんでパソコンに接続できないの!?」と一瞬驚きましたが、これは私のスキーマ（思い込み）の問題でした。デジタル機器であればパソコンに接続できるはず、と思い込んでいたのです。

実際、説明書には「パソコンには接続できます」とは書いてありませんでした。よく見れば、USBケーブルの差し込み口がないことも、購入前に気づいたかも

しれません。しかし、思い込みがあったために、確認しなかったのです。

そのほかにも、いくらでも事例を挙げることができます。

●例1

①ハワイと聞くと**（言葉としての情報）**

②ヤシの木と暖かい日差しのビーチの映像を思い浮かべる**（心像）**

③ハワイに行ったら、海に入って、ビーチで寝ころぶ。免税店でショッピングすることを無条件で思い浮かべる**（スキーマ）**

↓現地でショッピングする時間がなかったら、ツアー客からクレームがつく**（想定が違うため）**

●例2

①入学式と聞くと**（言葉としての情報）**

②桜が咲いている風景を思い浮かべる**（心像）**

③桜の木の前で記念写真を撮ったりすることを思い浮かべる**（スキーマ）**

↓ただし、4月上旬が〝桜の季節〟なのは、日本でも本州だけ。沖縄や北海道は、桜の季節ではない。沖縄・北海道の人には「入学式に似合う花は？」と聞いても違う答えが返ってくる可能性がある

このスキーマも「心像」と同じく、**その人が意図的につくり上げるものではありません**。それまでの経験や知識に基づいて、自然に形成されているものです。知らず知らずのうちに、自然にもってしまうものなのです。だからこそ、先ほど「偏見」や「思い込み」に近いと言ったのです。

人間は、そのようにできているのです。言っていないことまで連想してしまうのは、ある意味「面倒」かもしれません。しかし、このようにスキーマをもつからこそ、人は生きていくことができます。その都度すべての情報が与えられなくても、物事を効率よく把握できるからです。「これはこういうものだ」と学習し、「この類のものは、他にもこんな性質がある」と周辺情報を推測していきます。それによって、毎回ゼロから把握する必要がなくなるのです。

ただ、「伝える」ときには、注意しなければいけません。

人は、言葉から「それって、こういうことでしょ?」といって、ある「イメージ（心像）」を引っ張り出します。そして、そのまま「スキーマ」を連想してしまいます。つまり、**皆さんが伝えようとしていないことまで、勝手にイメージしてしまう**のです。

相手のスキーマが、皆さんが説明する内容と同じであれば問題はありません。相手が「想定している通り」なので、細かいことを省略しても、相手はなんなく話を理解していくでしょう。しかし、もし違っていたら、皆さんの話は間違った伝わり方をしてしまうのです。

スキーマは理解の助けになることもあれば、理解を妨げることもあるのです。

相手の「イメージ」と「連想」を先読みするしかない

さらに、厄介なことがあります。

それは、人がスキーマをもつのはモノに対してだけではない、ということです。実は、**「話の流れ」にもスキーマが存在します**。

195ページの例を見てください。少年が夏休みに遊園地に行ったことを話しました。実は、この少年、遊園地が嫌いで、いやいや家族に付いていったのです。一方、聞いている人は「乗り物にたくさん乗ったんだろうな」「ソフトクリームも食べたかな?」などというスキーマが自然とわいてきます。だから、少年が「この夏休みに遊園地しか行ってないから、宿題の絵日記に書くことがないんです」と言うと、相手は「?・?・?」となってしまうわけです。

このように、相手は、皆さんの話を聞きながら「次はこういう流れになるだろう」と無意識のうちに考えています(=スキーマ)。ですから、話の流れや進め方が、その想定(スキーマ)に合っていないと「?・?・?」となってしまうのです。

「話の流れ」にもスキーマがある

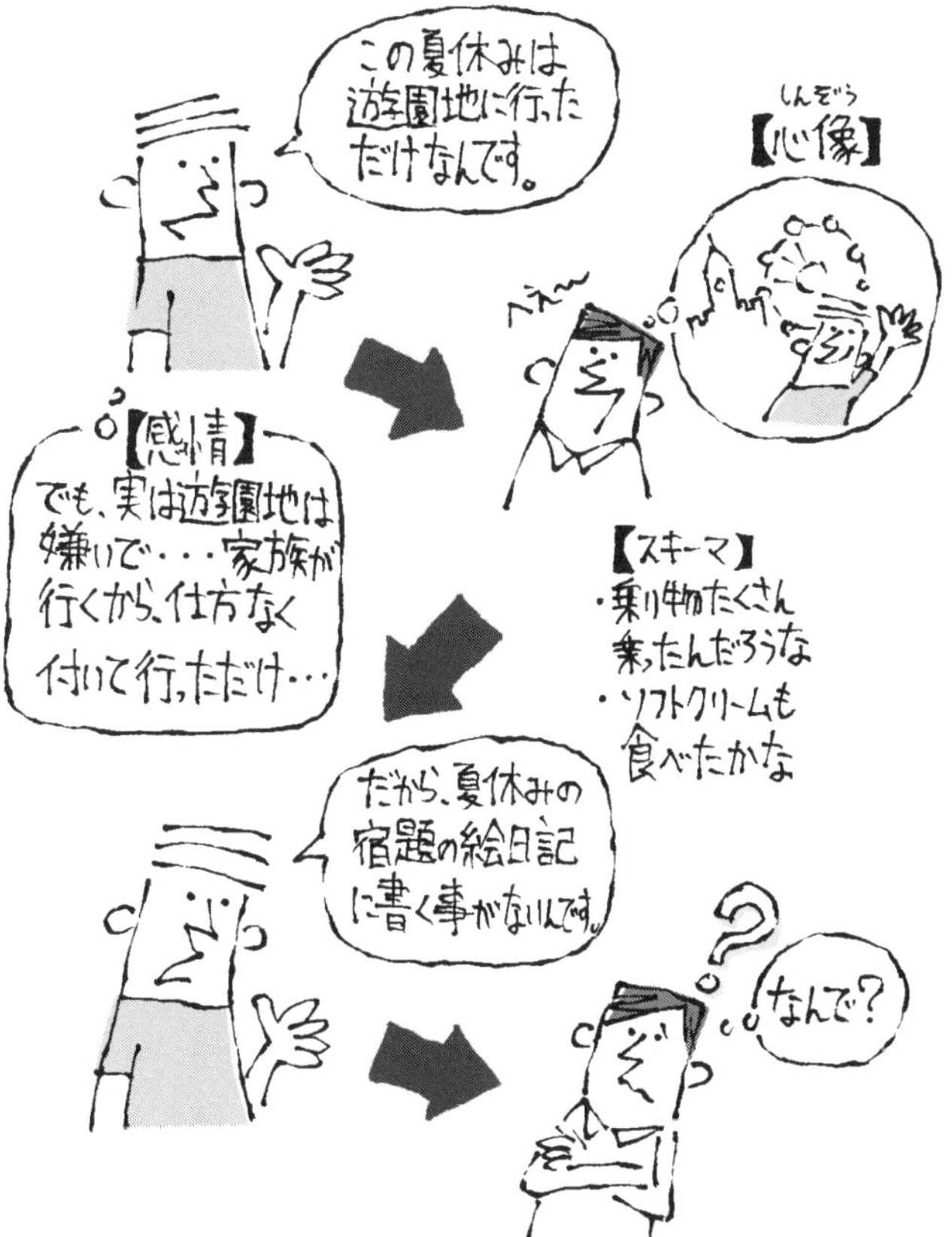

つまり、相手が意図通りのイメージ（心像）を描いてくれたとしても、そこから生じる**スキーマが異なれば、異なるストーリーを想像する**ようになるということです。

ここで、皆さんがそのズレに気づいてストーリーを修正すれば問題は解決されます。しかし、ズレに気づかずそのまま話を続けてしまうと、相手にとっては想定した内容と違うため理解できなくなるのです。

この調整・修正が、「わかりやすく伝える」ためには必要不可欠なのです。

「心像」と「スキーマ」について、ご理解いただけたでしょうか？

「心像」と「スキーマ」は自然に発生してしまうものです。皆さんが何かを伝えようとすると、相手は必ず勝手に思い描いてしまうのです。

であれば、皆さんができることは、ただひとつ。

相手がどんな「心像」と「スキーマ」をもっているかを先回りして想像することです。

そして、**意図通りの心像とスキーマをもってもらえるような表現にする**、もし

相手の「心像」から逆算する

くは**間違った心像とスキーマを修正してもらうこと**です。

つまり、相手の「心像」と「スキーマ」から逆算して、言葉を選び、表現の仕方を調整するほかないのです。

では、そのためには、どうすればいいのでしょうか?

その具体的なテクニックについては次の章で詳しくご説明します。

第８章まとめ

Point 1
人間の脳は、入ってきた情報を、すでにもっているイメージと付け合わせて理解しようとする

Point 2
そのイメージを「心像」という

Point 3
さらに「心像」には関連情報もくっついてくる。それを「スキーマ」という

Point 4
「心像」と「スキーマ」が異なれば話が通じなくなる

Point 5
相手の「心像」と「スキーマ」から逆算して伝えなければならない

わかりやすく伝える

ステップ0 「わかりやすく伝える」4つのステップ

第1章 誰からも「わかりやすい！」と言われる伝え方

ステップ1 「誰に」「何を」伝えるのかを明確にする

第2章 「誰に」「何を」伝えるのか？

ステップ2 相手に伝わる日本語を使う

第3章 スパッと伝わる日本語の使い方
第4章 こんな言葉は伝わらない

ステップ3 話を正しい順序で組み立てる

第5章 最強の伝え方「テンプレップの法則」
第6章 「なるほど！」と言われる伝え方
第7章 相手の記憶に残す伝え方

ステップ4 相手に伝わる言葉に言い換える

第8章 脳の仕組みがわかれば、「伝え方」がわかる

第9章

「わかりやすい伝え方」のトレーニング

第10章 伝え方の「奥義」

相手に合わせた表現をする

「心像」と「スキーマ」――。

第8章で、この2つの問題についてご説明しました。

この「心像」と「スキーマ」は、それまでに得た知識や人生経験などから自然に生まれるものです。だから、ひとりひとり違います。

そのため、皆さんが何かを伝えようとするときには、相手がどんな「心像」と「スキーマ」をもっているかを先回りして想像するほかありません。伝えたいことが伝わるように、相手の「心像」と「スキーマ」から逆算して、言葉を調整して選ばなければいけないのです。つまり、**「相手に合わせた言葉を選び、相手に合わせた表現をする」**ということです。

そのためには、日ごろから、それに慣れておかなければなりません。日々の練習・トレーニングが大事なんですね。ここでは、そのトレーニング方法についてお伝えします。

では、早速始めます。

トレーニングの最初は「現状」を知ることです。

ビジネスの世界では、よくこう言われます。

「課題を解決するための第一歩は、『目標（理想の姿）』と『現状』を知り、それらのギャップを認識することだ」

これは、あらゆることに通じます。現状と目標を正確に定義できなければ、どう改善していいかわからないからです。

皆さんは、どんな相手にも自分の考えていることを、「わかりやすく伝えたい！」と思っています。これが目標（理想）です。では、現状はどうでしょうか？

自分が日ごろどんな表現をしているか、**自分の表現の仕方で本当に相手に伝わっているのか、自分自身で体感していただきたい**のです。

もし、「あなたは、熱が入ると言っていることが支離滅裂《しりめつれつ》になる」「話がいつもあちこちに飛んで、何が言いたいのかよくわからない」などと、本音で感想を言ってくれる人が周りにいたら、自分の伝え方の現状を知ることができるかもしれません。しかし、そんな本音を伝えてくれる人はほとんどいません。

それに、せっかく指摘されても、素直に受け入れるのは難しいものです。そんな指摘をされたら落ち込みますし、「いや、それはあなたの理解力が足りないからだ」と責任転嫁《せきにんてんか》（逆ギレ）してしまうこともあります。

アイドルに伝えてみる

そこで、私は「自分ひとりで〝現状〟を知る方法」を考えました。

それは、「アイドルの写真に向かって話しかける」という方法です。

「え！？」と思うかもしれませんが、これが非常に効果的なんです。

男性でも女性でも構いません。あなたが好感をもっているアイドルであれば、誰でも結構です。「好感をもっている」ことが大事です。そうでなければ、真剣に伝えようとしないからです。

そして、週刊誌やネットに載っているアイドルの写真を目の前にして、そのアイドルに伝えてみてください。大事なのは、そのアイドルに本気で伝えるつもりになることです。

なぜアイドルなのか？　それは、私たちが**〝普段接することがない人種〟**だからです。自分とは生きている世界が違います。これまでの人生経験も違えば、今の生活環境も違うでしょう。それこそ「ここ数年、地下鉄に乗ったことがない」かもしれません。となれば、**自分が「常識」と思っていることは通用しません**。当たり前に使っている言葉も通じません。

普段、皆さんの周りにいるのは、だいたい同じ人ではありませんか？　同じオフィスで同じ人たちと会話をしていると思います。営業先で初対面の人と会うといっても、仕事内容やバックグラウンドとしてもっている知識は、他のクライアントと大差ないはずです。

そして、**いつも同じような人たちとしか話していないため、皆さんはいつも同じような表現しかしなくなります**。表現がワンパターンになっているのです。

もちろん、社内・業界内の人であれば、普段通りの表現で通じます。ワンパターンでも問題ありません。でも、それが通じない相手が出てきたら？　その人にわかるように伝えられませんよね。

実はそれが「わかりやすく伝えられない」ということなのです。家族や友人など、〝あうんの呼吸〟の人たちに、いつもと同じようなテーマの話が通じるのは当たり前です。自分が所属している会社のグループ内で、課長に営業の進捗状況《しんちょくじょうきょう》を伝えるのもそれほど難しいことではありません。しかし、だからといって「伝え上手」とはなりませんね。

「伝え方」が本領を発揮するのは、馴染みがない相手に、馴染みがないテーマを話すときです。そのトレーニングをしなければいけないのです。だから、〝普段自分が接しない人種〟を想定して練習をするのです。

皆さんが何を言っても、写真は表情を変えませんし、リアクションもしません。でも、話しているうちに、「あれ、この言い方でわかるかな？」と不安になってきます。

「金融緩和」なんて言葉を使って、わかってくれるかな？　こちらの意図と違う

「心像」をもってしまわないかな？　「株価が上がると、国債価格が下がる」と言って、わかってくれるかな？　この人は「株式」と聞いて、どんな「スキーマ」をもつかな？

伝え始めると、そんな不安がわき上がってきます。その不安を自分で感じとって、**「では、どんな表現だったら伝わるだろう？」**と考えるのです。それが練習になります。

もちろん、別にアイドルでなくてもいいんです。ただ、いつも接している人たちとは、全然違う世界で生きている人を想定しなければいけません。ビジネスマンであれば、子どもや女子高生や主婦、おじいちゃんやおばあちゃんなどなど。主婦であれば、お堅い会社の重役や政治家でもいいかもしれません。

そうすることで、「今までの自分の伝え方は特定の人にしか通じないのかも……」と気づくことができるのです。

このことに気づけるかどうかが、きわめて重要です。自分が普段から付き合っている人たち以外には、全然話が通じない……。そこに自分で気づいて、**別の表現パターンを探すことが、伝え方を上達させる第一歩**なのです。

言葉の手持ちカードを増やす

ご自分の現状を把握できましたか？

たしかに、今のままでは主婦や子どもには伝えられない……。

そう思ったら、次のステップに進みましょう。

次は、「言葉」です。

言葉を聞いたときに思い浮かべる「心像」が合わないと、皆さんの話は間違って理解されてしまいます。

そうならないようにするためには、**自分が使っている言葉を棚卸《たなおろし》したうえで、使える言葉を増やす努力をしなければなりません。**

ひとつの言葉に対して思い浮かべる「心像」は百人百様です。そして、皆さんがイメージしているものとは違う「心像」を抱く相手に対しては、違う言葉を投げかけることによって、できるだけイメージに近い「心像」をもってもらわなければなりません。

当然、ひとつのことをひとつの言葉でしか表現できない人は、相手に応じて言葉を変えることができません。逆に100通りの言葉をもっていれば、どんなに「心像」が違う相手であっても、どれかひとつくらいは相手にフィットするでしょう。**皆さんの言葉のストックが多ければ多いほど、伝わる可能性も高まる**ということです。カードゲームでは、手持ちカードが少ない人より、多い人のほうがゲームを有利に展開できるようになります。それと同じです。

では、手持ちカードを増やすためには、どんなトレーニングをすればいいのでしょうか？

簡単です。

日頃から、**「言葉の言い換え」を繰り返す**ことです。

あまり意味を変えずに、ある言葉を別の言葉に言い換えるトレーニングをしておくのです。非常に単純なことですが、これで皆さんの表現の「稼動域《かどういき》」は圧倒的に広がります。

いつも同じ動作しかしないと、関節と筋肉が硬くなっていき、「稼動域」が狭くなります。その範囲でしか身体《からだ》が動かなくなってしまうのです。

言葉もそれと同じです。**いつも同じ言葉しか使っていないと「表現の稼動域」が狭くなって、伝えられる相手の範囲も極端に狭くなってしまいます。**「専門家」と言われる人たちの多くの話がわかりづらいのは、普段から同じ言葉ばかり使っているからなのです。

だから、日頃から「言葉の言い換え」をすることによって、「稼動域」を広げておかなければならないのです。それによって、手持ちカードを増やしておくのです。

目につくものを片っ端から、別の言葉で言い換える

どんな言葉でもOKです。

たとえば、「レストラン」「タブレット型PC」を言い換えてみましょう。意味

言葉の手持ちカードを増やす

をあまり変えずに、違う言葉で表現してみましょう。

●レストラン

↓定食屋、食事をするところ、料理を出してくれるお店、テーブルに座って待っているだけで料理を運んできてくれるところ……

●タブレット型PC

↓画面しかないパソコン、画面をタッチするだけで操作することができるパソコン、iPad……

こんな要領で、とにかく違う言葉に置き換えていきます。

複合語（いくつかの言葉がくっついた言葉）は、言葉の最小単位ごとに言い換えるといいでしょう。

たとえば、「マネーストック」という言葉。この言葉は「マネー＋ストック」ですね？　こんなふうにやります。

●マネー
↓お金、貨幣、現金、キャッシュ、お札と硬貨……
●ストック
↓貯蓄、残高、貯まっている量、存在している量……

そのうえで、組み合わせます。

●マネーストック
↓世の中にあるお金の量、世の中にどれくらいお金があるか……

このように、どんどん言い換えていきます。最初は何も気にせず、目についた単語を片っ端から言い換えてください。

ひとつだけ注意点があります。

ひとつの言葉を3つ以上言い換えられるまでは次に進んではいけません。というのは、3つ目が難しいからです。誰でもたいてい、2つまではあまり考えなくても言い換えができます。しかし、それでは「稼動域」が広がりません。

身体の柔軟体操も一緒ですよね。楽なところで止めていてはいつまでたっても、柔らかくなりません。

「表現の稼動域」も同じです。「う～ん」と粘って3つ目を出すから鍛えられるのです。もちろん、「まだまだいける」と思う人は、4つ、5つ……と増やしていってください。

そして、慣れてきたら、**属性が違う3人を思い浮かべて、それぞれに通じるように言い換える**ようにします。たとえば、ひとつ目は中学生向け、2つ目は若手社会人向け、3つ目は高齢者向け、という具合です。このように、できるだけ隔《へだ》たりの大きい3人を選んで、それぞれのために言葉を言い換えてみるのです。

このトレーニングを重ねることで、皆さんが日常的に接することのない人たちにも、伝わる言葉をもてるようになります。

言い換えは、「１００％同じ意味」でなくていい

言い換えると、多少でも意味が変わってしまいます。どうしても、１００％正確には伝えられません。

そのため、「言い換えをしたら、意図が伝わらないのでは？」と心配する人がたくさんいます。なかには、心配を通り越して、「だから、言い換えなんかやるべきではない！」と拒否してしまう人もいます。

たしかに、言葉を言い換えれば、その言葉にくっついているニュアンスも失われてしまいます。意味もちょっと変わってしまうかもしれません。まったく同じ印象を与える言葉を選ぶのはかなり難しいと思います。

でも、それでいいのです。

これまでも何度も強調してきましたが、**伝えるときに「正確性」にこだわりすぎるのは間違いです**。もちろん、間違ったことを伝えてはなりませんが、「正確さ」

にこだわりすぎるがために何ひとつ伝わらないのでは本末転倒ですよね。**100%正確に伝えることよりも、要点を伝えるために「ざっくり」と伝える技術こそを身につける必要がある**のです。

たとえば、地方に住んでいる高齢の母親がパソコンを買ったとします。電話で「ここがわからない」「あれがわからない」と聞いてきます。あれこれ説明して、ようやくインターネットに繋がったとしましょう。皆さんも安心して、電話を切ります。

しかし、すぐにまた電話がかかってきました。

「メールができないのよ」

さて、皆さんはどうしますか? メールを使うには、「メールアカウント」を設定しなければいけません。この「アカウント」をどう説明しますか?

「母さん、アカウントを作らないと、メールできないよ」

といっても、間違いなく通じません。では、どのように伝えれば、「アカウント」

を理解してもらえるでしょうか？（もちろん、何も説明せず、Ｇｍａｉｌなどのフリーメールの設定を電話で伝えるという方法もあります。でもここは、ぜひ練習として「アカウント」を伝えてみましょう）

まず、「電子メールアカウント」を辞書で引くと、「電子メールの送受信を行うために得る権限。メールサーバーにアクセスする際などに必要となる」（実用日本語表現辞典）とあります。

これが辞書的に正しい説明ですが、意味がよくわかりません。そこで「アカウント」を調べてみました。辞書を引くと、「勘定、計算、勘定口座」と書いてあります。そのまま当てはめると、メールアカウントは、「メール勘定」「メール計算」「メール勘定口座」となりますね。これでも意味がわかりません。

一方、ＤＢＭ用語辞典には、「インターネットのサービスを利用することができる利用資格。通常、プロバイダが利用する顧客ごとにアカウントを割り当てる」とあります。この定義は伝えたい内容に近いです。しかし、これをこのまま母親に伝えても絶対に伝わりません。

ここで、**「要するに、どういうことか」**を考えて言い換えます。

Eメールは、要するに「電子手紙」です。母親はもちろん、紙の手紙を出したことがありますので、この心像やスキーマを活用して説明をするのが有効です。

そう考えると、「アカウント」は、「ポストみたいなもの」と言い換えるとよさそうです。「家にポストがなければ、手紙を受け取れない」とイメージできるからです。そのため、「Eメールでもポストが必要で、ポストを作らなければメールが送れないんだよ」と言えば、「あ、なるほど、そうなのね」とわかってくれます。

これでいいのです。

厳密に考えると、メールのアカウントはポストではありません。家の玄関にあるポストは、「受信」はできても「送信」ができないからです。しかし、この場合、そんなことはどうでもいい。手紙（メール）のやり取りをするには、ポストが必要、だからポストを作らなければいけない、ということが伝わればいいのです。

伝えるときには、必ず目的があります。この場合であれば、「アカウント」の意味を１００％正しく伝えることが目的ではありません。なんとなく理解してもらえればいいのです。

だから、「言い換えトレーニング」も１００％正確に言い換えようとする必要はありません。まずは、表現のバリエーションを増やし、「手持ちカード」を増やすことだけ考えてください。

相手が知らない言葉を、「なるほど！」と言うまで言い換える

手持ちカードが増えてきたら、次のトレーニングを始めます。

相手がまったく知らない言葉を、わかる言葉に置き換えるトレーニングです。

これは、「伝える力」をつけるうえで、とても重要なスキルです。というのは、人は「知らない言葉」を理解することができないからです。

人は外から情報が入ってくると、すでに自分の中にあるイメージを引っ張り出して「それって、これのことだよね？」といって理解します。その引っ張り出すものが「心像」でした。ということは、引っ張り出す心像がなければ、つまり「それって、これ？」というものが何もなければ、人間は入ってきた言葉（文字列）を理解することができないのです。

たとえば、こういうことです。

「互いに等速運動する座標系の間では相対性原理と、高速度不変の原理を仮定したときの物体の運動を記述する」

これ、わかりますか？　わかりませんね。これは相対性理論を解説する文章です。そもそも相対性理論は非常に難しい内容です。しかし、その前に「等速運動」「座標系」「相対性原理」「高速度不変」「仮定」などの言葉の意味がわかりません。何のイメージも浮かんできませんよね？　このままではまったく話が理解できないのです。

もちろん、日頃からこんな難しい話をすることはないでしょう。しかし、相手が知らない言葉を使ったときには、これと同じように聞こえているわけです。

ですから、**相手が知らない言葉は、必ず、わかる言葉に置き換えなければなりません。**

具体的にやってみます。

皆さんは、「セパタクロ」ってご存じですか？　もし知っていたら、知らない人にどう言い換えて表現しますか？

私なら、こう言います。

「セパタクロとは、脚だけを使うバレーボールみたいなもの」

なんとなくイメージがわいたのではないでしょうか？　「脚だけを使う」「バレーボール」という言葉を理解できない人はいません。しかも、これらの言葉であれば、ほとんどの人は同じような「心像」をもつはずです。

「ミーゴレンは、タイ風焼きそば」

「"LinkedIn"は、ビジネス用のFacebookみたいなネットサービス」

このように、人はまったく知らない言葉でも、すでに自分が知っている情報と関連づければ理解することができます。そして、そのときに思い浮かべる「心像」と「スキーマ」が、皆さんがイメージしているものとおおむね合っていれば、皆さんの話は伝わるのです。

「論理」には「行間」がある

もうひとつ、解決しなければいけない問題があります。

それは「論理の行間」です。

話を納得してもらうには、論理的に伝えなければいけません。結論と合わせて、「なぜそう言えるか?」という理由と、具体例を提示しなければいけません。第

６章でお伝えしたように、これが論理的に伝える３点セットです。

ただし、注意しなければいけないのは、この**論理にも「行間」がある**ということです。つまり、「端折《はしょ》っている部分がある」ということなのです。

たとえば、「日本の景気が悪いから、株価が下がる」とよく言われます。馴染みがある人であれば、「〝日本の景気が悪い〟だから〝株価が下がる〟。そりゃそうだ」と納得できます。しかし、実は、この文章は論理の行間があいています。

行間を詰めて説明すると、こうなります。

Ⓐ日本の景気が悪い
　←だから
Ⓑ日本で商品が売れない
　←だから
Ⓒ日本企業の業績が悪くなる
　←だから

(D)一般的に考えて業績が下がれば株価も下がるので
　←だから
(E)株価が下がる

「景気が悪くなったら、株価が下がる。当たり前だよね」と言うのは、「AだからEだよね」と言っているのと同じなわけです。つまり、「行間」があいているのです。
「文章の行間を読む」という言い方もしますが、あれは、「そこに書いていないことを読み取る」ということですね。同じように、私たちが日常的に伝えている論理にも〝行間〟があって、伝えてないことがあるということなのです。

「行間があいている」のが悪いわけではありません。

実際、「一言えば十わかる」という言い方があります。理解が非常に速い人を指していますが、私たちも普段、「一聞いただけで十わかるとき」があります。あまりいい例ではありませんが、「ふろ」「メシ」「寝る」など、短い言葉を並べるだけでも、わかっているわけです。

同じように、「もうすぐお正月だね。あのおもちゃ、売り切れてないといいなぁ」と子どもが言っても、わかる人にはわかります。本当は、「もうすぐお正月だね。（そしたらお年玉がもらえるから、前から欲しかったおもちゃを買いに行こう。でもあれは大人気だ）あのおもちゃ、売り切れてないといいなぁ」という話ですが、親なら行間を飛ばしても理解できるでしょう。

相手に合わせて「論理の行間」を調整する

ビジネスシーンでも同じようなことがあります。

「3か月後、海外から重要なお客様が来ます。夜は食事会を予定しているので、必ず今日電話をしておいてください」

意味がわからない指示ですね。「どこに電話をするのか？」「なぜ、電話をしなければいけないのか？」がわかりません。理由を抜かしているからです。説明がA↓B↓C↓I↓J↓Kのように、間をすっぽり抜かしているからです。

「3か月後に外国から重要なお客様が来ること」「その日の夜には食事会を予定していること」はわかります。しかし、「なぜ、必ず今日電話しておいてください」なのかがわかりません。

伝えている側の頭の中では、

外国からお客様が来る
←だから
夜は食事会
←だから
重要なお客様なので、特に良い店に連れていきたい
←だから

（特定の店をイメージして）あの店は予約は取りづらい
←だから
今日（予約の）電話をかけておいて

となっているのですが、そんな事情を知らない人には意味がわかりません。
もちろん、「省略」しても慣れている人にはわかります。以前にも同じように
お店の手配をした人には、これだけで十分です。その人に再度、「重要なお客様
なので、特に良い店に……」とくどくど言っても、「前と一緒ですよね？　わかっ
てますよ」と言われるだけです。

このように、**ある人には、「AだからB、BだからC」と伝えるべきでも、別の人には「AだからZなんだよ」とだけ伝えればいいこともあります**。そんなときに「AだからB、BだからC……」と言うと、「そんなことわかりきっている。くどい！」と言われてしまうでしょう。反対に、何もわからない人が「ほら、AだからZなんだよ。わかるよね？」と言われても、「？？？」となります。

もう、おわかりですよね？　**相手によって「どんな行間が適切か」は変わる**ということです。ここでも、相手に合わせることが大事なのです。

「論理的に伝えればそれでＯＫだ」

そう考えている人もいると思います。でも、論理的であることと、「論理の行間」があいていることはまた別問題です。相手にちょうどいい行間で伝えなければ、「わかりやすい！」とは思ってもらえません。わかりやすく伝えるために、「論理的」であることは必要です。しかし、論理的であればわかりやすいかというと、そうではないのです。

論理的であることは不可欠であって、大前提です。**相手に合わせて、「正しい論理」をどのような行間で伝えるかが重要**なのです。

だから、「論理的に話をしさえすればいい」というのは大きな誤解なんですね。これは、大事なポイントなので、よく覚えておいてください。

日頃から、「論理の行間」を埋めておく
――常に「どういう理屈で？」と自問する

さぁ、そこでトレーニングです。

相手に合わせて「論理の行間」を変えられるようになるための練習です。

まず、自分が伝えようとしているテーマに詳しくない人をひとり、イメージしてください。子どもでも、彼氏・彼女でも、祖父母でも構いません。そして、その人に何かを伝えることを想像してください。どんなテーマでも構いません。ただし、**「○○だから××である」と言うときに、必ず「……って、どういう理屈で？」と自分に問いかけてください**。

たとえば、金融に詳しくない20歳の女子大生に、「株価が上がったら、債券価格が下がる」ことを説明するとしましょう。このとき、「どういう理屈で？」と自分に問いかけます。

「どういう理屈で？」と自問した瞬間、私たちは「理屈」を探し始めます。「株価が上がると、債券価格が下がる理屈」を探し始めるのです。

株価が上がると、債券価格が下がる
←どういう理屈で？
債券を売って、株を買う人が増えるから
←どういう理屈で？
投資効率のよい資産に移し変えるから
←どういう理屈で？
…

このように、女子大生の反応をイメージしながら、**行間に隠れていた「理屈」を掘り起こしていく**のです。実は、これが「本当に理解する」ということです。

皆さんも、子どもに素朴な質問をされて、答えられずに口ごもってしまった経験があるのではないでしょうか？

「どうして、太陽は東から昇るの？」

「どうして、お金でモノが買えるの？」

きちんと「行間」をつめて話さないと、子どもは理解してくれません。だけど、「行間」をつめることができない。なぜか？　**普段、「なんとなく」で済ませてしまい、突き詰めて考えることに慣れていない**からです。

だからこそ、「どういう理屈で？」という問いかけが重要なのです。

普段、「当たり前」と思っている事柄について、「どういう理屈で？」と自問してください。改めて、自分の中で整理しなければいけない理屈がたくさんあることに気づくはずです。それをひとつずつ、確認していってください。

それが、「論理の行間」を調整する力となるのです。

＊

ここまで、いくつかのトレーニングについてお伝えしてきました。

おわかりいただけたでしょうか？

これは、日々の積み重ねがモノを言います。ぜひ、面倒くさがらずに続けていってください。

そうすれば、皆さんはいろんな言い回しで表現できるようになり、いろんな「行間」で伝えられるようになります。

ただ、最後にもうひとつやるべきことがあります。それは、**「この相手にはどんな表現、どのくらいの行間が適切かを見極める」**ということです。

なぜなら、言葉も行間も「相手」によって変える必要があるからです。「この人には、この表現で、このくらいの行間がちょうどいい！」と判断できるからこそ、わかりやすく伝えることができるのです。

では、どうすれば、それがわかるようになるのでしょうか？

最終章で、それをお伝えします。

第９章まとめ

Point 1
普段接することのない人たちに伝える
Point 2
日頃から、言葉の言い換えそして「言葉のストック」を増やしておく
Point 3
言い換えは「100%同じ意味」でなくていい
Point 4
日頃から、「どういう理屈で?」と自問して、「論理の行間」を埋めておく
日頃からトレーニングをしておけば、相手に合わせて伝え方を変えることができる。

第10章　伝え方の「奥義」

相手に合わせるには、相手になりきるしかない

相手に応じて、表現と行間を変える——。

これが、わかりやすく伝えるために、最も大切なことです。

「第2章『誰に』『何を』伝えるのかを明確にする」を覚えているでしょうか？

あそこで、私はこう書きました。**「最も重要なのは、『誰に伝えるのか』なのです」**。これこそ、伝え方の「第一歩」であり、伝え方の「奥義」でもあるのです。

なぜなら、人はそれぞれ「心像」と「スキーマ」をもっているからです。「心像」も「スキーマ」も人それぞれですから、ひとりひとりにとって、わかりやすい表現や伝わりやすい言い方・書き方は違うのです。ひとりひとりにあわせて、「言葉」を置き換え、「論理の行間」も調整しなくてはなりません。**すべて相手に合わせた表現で行うべき**なのです。

そもそも、「わかりやすい伝え方」は宇宙の絶対真理でひとつに決まっている

ものではありません。

「誰にとってもわかりづらい伝え方」はあるかもしれません。しかし、**「誰にとっても、絶対に100%わかりやすい伝え方」というものは存在しません**。ある人にはわかりやすくても、なかにはそれを「わかりづらい！」と感じる人もいます。

「この人にこういう言い方をしたら伝わらないだろうな」

「あ、この部分の話は馴染みがないだろうから、行間をあけずに丁寧に説明しないとな……」

このように考えられるかどうかが、きわめて重要なのです。

そして、相手に合わせて「伝え方」を変えるほかないのです。

では、どうすれば「相手にピッタリの表現と行間を選ぶ」ことができるようになるのでしょうか？

答えはひとつです。

相手に興味をもち、相手を知り、相手になりきる——。

これが唯一の方法なのです。

相手と同じ場所に立って、同じ世界を見る

ところが、これを誤解してしまう人がいます。「要するに、相手がわかる表現を推測しておくことでしょ?」と勘違いしてしまうのです。

ここが非常に重要なポイントです。「推測」ではありません。**「推測」するだけでなく、「相手を知って、相手になりきる」ところまでやらなければいけません。**

「推測」は、あくまでも皆さんの目線や視点から相手を見ている、ということですね。もちろん、相手を見ないよりは格段にマシです。でも、皆さんから相手を見ても、見えないものがあります。

わかりやすい例を出しましょう。

皆さんは相手と向き合っています。そこで相手が考えていること、相手が見ている世界を知ろうとがんばります。しかし、このとき、皆さんと相手が見ている方向はちょうど逆ですね。だから、皆さんの位置から「相手が見ている世界」を見ることはできないのです。

相手と向き合うから、伝わらない

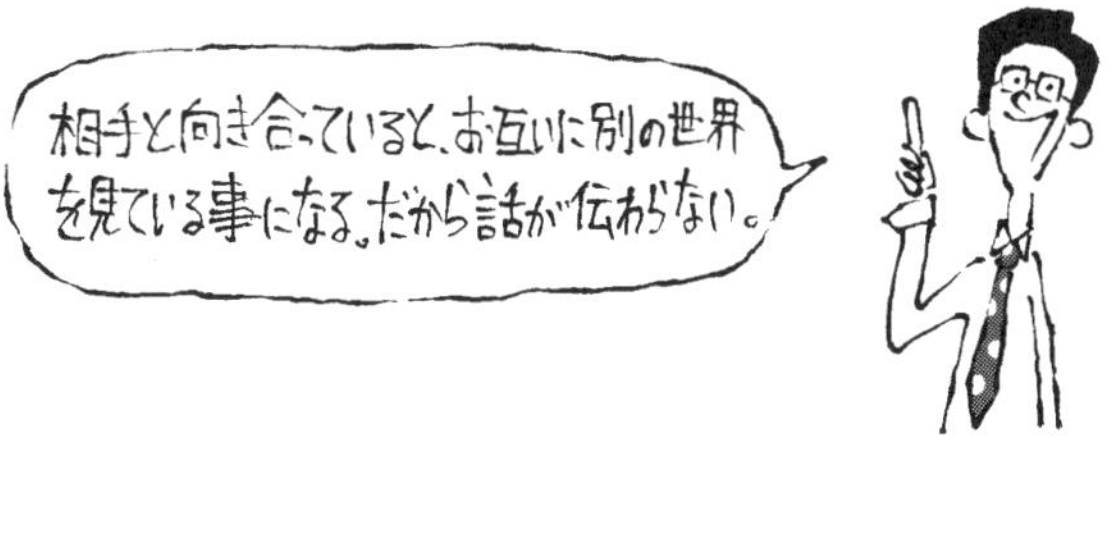

では、どうすればいいか？

「〝自分側〟から相手を見る」、または「相手に向き合う」のではなく、**「相手と同じ側に立ち、同じものを見る」**のです。

相手と同じ側に立ち、相手と同じものを見れば、「相手がどんなことを考えているのか」「どんな言葉なら理解できて、どのくらいの論理の行間なら無理なく理解できるか」が、自分のことのようにわかってきます。そうすれば、当然相手が理解できる表現を選ぶことができ、わかりやすく伝えることができるのです。

実は、これこそが**「相手に伝える能力」の本質**なのです。

クリエイティブ・ディレクターの「さとなお」さんこと、佐藤尚之さんも同様の主張をされています。

著書『明日の広告 変化した消費者とコミュニケーションする方法』（アスキー新書）の中で繰り返し「ユーザー（消費者）を観て、ユーザーを知ることの大切さ」を説いていらっしゃいます。ユーザーを知らなければ、広告のメッセージを伝えることができない、ということです。

そして、手がけられた「スラムダンク1億冊記念キャンペーン」から、「自分たちが『伝えたい相手』になってみること」の重要性を学んだといいます。

スラムダンクが1億冊を突破した感謝を、著者の井上雄彦さんが自分のお金で「広告」を出して伝えたい、とこの企画は始まりました。ですが、「1億冊も買ってくれてありがとう♪」では、読者の反感を買ってしまう恐れがあります。1億冊突破したことを伝えるだけでは、読者にはわかってもらえないのです。

そこで、佐藤さんをはじめとするプロジェクトチームは、何度も「伝えたい相手はどういう人たちか？」について話し合ったそうです。メッセージが1ミリでもズレると伝わらない。むしろ誤解されて反感を買う。そんな感覚で、ひたすら「相手」について考えたそうです。

その結果、でき上がったのが新聞6紙への全面広告でした。桜木花道やゴリ、流川などのキャラクターを描き、デカデカと載せたのです。また、神奈川県の三浦半島にある廃校を借り、黒板に「スラムダンク―あれから10日後―」という画が描かれました。

これが新しいビールの発売プロモーションだったら、「新商品登場!」と新聞、ネット、路上にとにかく広告を出せばいいかもしれません。それで、「あ、新しいビールが出たんだね」と思ってもらえ、認知してもらえます。

ですが、このスラムダンクの場合、それでは「伝わらない」のです。伝える相手が、そのメッセージを受け取ったときにどう感じるかを考えることが欠せなかったのです。「単に広く伝えればいいや」ではなく、「伝えた相手がどう思うか?」を考えなければ、伝えたい内容が伝わらなかったのです。

私たちが想像もできないような多額の費用をかけて行う広告やプロモーションで「伝えること」が重要視されるのは言うまでもありません。クライアントからお金を預かっている広告代理店が、「何となくしか伝わりませんでした、えへへ。ゴメンナサイ」というのは許されません。佐藤さんは、その広告でも、「相手を知ること」が非常に重要な要素だというのです。

広告と聞くと、何かすごくクリエイティブ=独創的なものというイメージをもっていらっしゃるかもしれません。才能豊かなクリエイターが「自分が面白いと思う表現」を追求している、と。もちろん、佐藤さんも、そうした「広告クリエイティブは大事」とおっしゃっていますが、それだけでは「伝わらない」と主張されています。どんなに才能豊かなクリエイターが考え尽くしても、「それだけ」では伝わらないそうです。

その前提として、「相手を知り、相手の気持ちになって、相手になりきって」考えてみなければならない。このステップを踏まなければ、**どんなに面白いアイデアであっても相手には伝わらない**のです。

であれば、私たちもそれを見習うべきではないでしょうか？

相手に何かを伝えたいと思ったら、「相手を知る」ことから始めなければいけません。そして、相手になりきってみることこそが、わかりやすく伝える「奥義」なのです。

すべて、出発点は「自分」ではなく、「相手」なのです。

わかりやすく伝えることができるのは、深い知識をもち、話し方が上手な人だろう――。そう勘違いしている人がたくさんいます。

しかし、「知識」「話し上手」とは自分単体の能力です。もちろん、それもあるに越したことはありません。でも、本当に必要なのは、相手に合わせて調整し、表現を変えることなのです。

いくら専門知識があっても、いくら頭がよくても、相手のことを知って、相手に合わせて表現を調整できなければ、わかりやすく伝えることはできないのです。

相手と同じ経験をする

相手側から物事を捉えるために、いちばん有効なのは、相手と同じ行動をすることです。**同じ行動をすることで、経験を共有でき、感覚や意識も相手に近づけていくことができます。**

主婦に伝えたいのであれば、主婦の生活を体験してみます。そうすれば、「主婦が日常的にどんな言葉を使っているか」「どんなことなら理解できるか」が見えてくるでしょう。

学生に伝えたいのであれば、学生と同じ気分になって、学生のように過ごしてみます。そうしなければ、学生の頭の中は見えてきません。

A社の○○さんにわかりやすく伝えるためには、その○○さんがこれまでどんな仕事を経験してきたかを知り、その分野の知識を頭に入れてください（可能であれば、体験もできればなおいいですね）。また、○○さんが、土日に必ずゴルフに行くのであれば、同じように出掛けます。毎朝ランニングをしてから出社すると聞いたなら、自分も毎朝ランニングしてみます。そうすることで、意識が近くなっていき、相手になりきることができるのです。

「会議室でネクタイを巻いて〝しかめっ面〟をしている人に、専業主婦が感じていることがわかるわけがない」とよく言われますね。まさに、その通りなのです。**同じ経験をしていない人同士が、相手が感じていること、考えていることがわからないのは「当たり前」のことです。**

この「差」を埋めるためには、同じことを体験してみるのが一番です。机上でいくら勉強しても相手のことはイメージしきれません。皆さんの自宅について、言葉で事細かく同僚に説明しても、実際に連れてきたら「イメージと違う」と言うでしょう。「百聞は一見に如かず」という言葉もあります。どんなに言葉を尽くしても、言葉だけでは伝わりきらないのです。**実際に経験しなければ、本当のところはわからない**のです。

この「差」を完全になくすことはできないかもしれません。しかし、実際に相手と同じものを見て、同じ経験をすれば、相手が思い描く「心像」と「スキーマ」がわかってきます。というか、相手の「心像」と「スキーマ」を自分のなかに取り込むことができます。

そんな経験を重ねることではじめて、「この人に○○と言ったら、こんなことを思い浮かべるだろうな。でも、それは伝えたい内容と違うから訂正しないと……」とわかってくるのです。

「相手の立場に立ちなさい」

「『自分が相手だったら、どう感じるか』を考えよう」

よく言われることです。

しかし、そう言われても、実際には相当に難しいことです。どうしたら相手の立場に「立てる」のかわかりませんし、どんなに考えたとしても、実は、自分の頭の中で勝手に想像していただけなのかもしれません。

だから、**考えるのではなく、経験をすべき**なのです。もちろん、まったく同じ経験ができるわけではありません。でも、同じような経験をすることで、「相手だったらどう考えるか」を感じることができます。そして、相手が思い浮かべること（心像）と、連想すること（スキーマ）が見えてきて、「この内容を伝えるのであれば、こんな表現がいいだろう」「この説明の、この部分がイメージしづらいだろうから、丁寧に補足しよう」ということがわかってくるのです。

相手に興味を持ち、相手を知り、相手になりきる——。

そのためには、できるだけ相手と同じ経験をしてみる。頭で考えるのではなく、身体を使って経験してみるのです。

「相手にはなりきれない」という謙虚な気持ちを忘れない

最後に、エステー株式会社の宣伝部長・鹿毛康司さんの言葉をご紹介したいと思います。

ミゲル君がポルトガルの街並みをバックに、「ショ～、シュ～、リキ～♪」と歌うCMを覚えているでしょうか？　震災後、AC（公共広告機構）しか流れなかった時期に、他の企業に先駆《さきが》けて放映された商品CMでした。

鹿毛さんは、あのCMをはじめエステーのユニークなCMを数多く手がけられてきた人物です。

その鹿毛さんも、「伝わるCM」をつくるためには、徹底的にお客様のことを知らなければならないとおっしゃっています。会社のなかで働いているうちに、お客様と自分の「目線」はどんどんずれていってしまう。だから、お客様と「目線」を合わせるために、鹿毛さんは驚くほどの努力をされているようです。

市場調査をするのは当たり前。お客様に会いに行って話を聞かせてもらう。年に一回、エステーが実施しているお客様を無料で招待するイベントでは、自らおもてなしをする。そんな行動を繰り返して、なんとかお客様と「目線」を合わせようとされているのです。だからこそ、ミゲル君のCMのような、多くの人の心に届くCMが生み出されているのでしょう。

ところが、その鹿毛さんは、こうおっしゃいます。

「絶対に、お客様と同じ目線をもつことはできない。そう肝に銘じています。なぜなら、『同じ目線をもてた』と思い上がった瞬間に、目線が大きくズレるからです。自らの無力を自覚するからこそ、なんとかお客様の目線に少しでも合わせられるように努力するのです。その謙虚な気持ちをもつことこそが、せめて私にできることなんです」

それが真実なんだろう、と思います。

私も、伝えるときには、いつでも「相手に興味をもち、相手を知り、相手になりきる」ことを心がけて精一杯の努力をしています。だけど、絶対に「相手になりきる」ことはできません。むしろ、**「なりきった」と慢心した瞬間に〝自分目線〟**

になってしまい、「伝わらなく」なるのだと思います。

そう考えると、これは「不可能」への挑戦なのかもしれません。

ですが、「わかりやすく伝える」ためには、少しでも「相手」に近づこうとしなければなりません。その意味で、「伝える」とは終わりのない試みなのかもしれません。


「相手になりきることはできない」

この謙虚な気持ちを忘れることなく、相手に伝えようという努力を続ける――。

それが、「わかりやすく伝える」ために、真に大切なことなのです。

第10章まとめ

Point 1

相手に興味をもち、
相手を知り、相手になりきる。
これが、相手に合わせて伝える
ための鉄則

Point 2

そのためには、できるだけ
相手と同じ経験をする

Point 3

ただし、絶対に相手と同じ
目線はもてない。この謙虚な
気持ちを忘れずに、相手に
なりきろうと努力する。

あとがき

「わかりやすい！」が自分を変える

「人の悩みの9割は、人間関係である」

そう言われることがあります。世の中にはいろんな悩みやストレスがありますが、その大半は人間関係からきているということです。

ぼくもその通りだと思います。

そして、なぜ人間関係で悩むかといえば、お互いに自分の伝えたいことが伝わらないからではないでしょうか？

相手と意見が合わないことよりも、自分が考えていることを相手に言葉で伝えられないことに悩む。

仕事で成果を上げられないことよりも、成果を上げられない事情や背景を相手にうまく伝えられないことに悩む。

感じていることはたくさんあるのに、それをうまくまとめて伝えられないことに悩む。

そういう方は多いと思います。


反対に、完全に合意してもらえなかったとしても、自分が考えていることを伝えきれたら、気持ちは楽になります。

自分が考えていることを相手に伝えきり、相手から「言いたいことはわかった」と言ってもらえたら、気持ちがスッキリし、ストレスはかなり減ります。

自分に同意してもらえなくても、伝わるだけで本当に気持ちが楽になるのです。


本書のテーマは「わかりやすく伝える」です。

本文中では、主に相手のために、相手が理解しやすいように、と考えてきました。しかし、自分の頭の中をわかりやすく伝える本当の目的は、「わかってもらうこと」です。つまり、自分自身のためなのです。

相手の話を理解できないのもストレスですが、自分の話を理解してもらえないのは、それよりも大きなストレスとプレッシャーになります。

一方で、あなたがわかりやすく伝えられるようになれば、あなたの気持ちが楽になります。そして、あなたがわかりやすく伝えられるようになれば、どんどん自信がついてきます。

ぼくは大学を卒業した後、富士フイルム、サイバーエージェント、リクルートの3社に勤めました。どこの企業でも優秀な方がたくさんいました。でも、優秀さとその人が持っている自信は必ずしもイコールではないと感じていました。

仕事ができても、頭の回転が速くても、自信がない人がいます。

ですがその反対のケースもあります。能力や仕事の成果がどうだったとしても、自分が考えていることを相手に伝えられる人は、自信にあふれていました。そういうケースはみなさんも目にしたことがあると思います。

わかりやすく伝えるというスキルは、私たちの悩みを解消し、同時に私たちに自信を与えてくれるものです。

そしてこのスキルは、練習によって誰でも身につけることができます。

本書にまとめた手法を一度に身につけようとする必要はありません。思い出したタイミングで構いませんので、少しずつ実行してみてください。きっとあなたの悩みを解消し、あなたに自信を与えてくれるはずです。

２０２４年春

木暮太一

木暮太一 こぐれ・たいち

作家・出版社経営者・言語化コンサルタント

中学校2年生の時から、わかりにくいことをわかりやすい言葉に変換することに異常な執着を持つ。学生時代には『資本論』を「言語化」し、解説書を作成。学内で爆発的なヒットを記録した。ビジネスでも「本人は伝えているつもりで、何も伝わっていない!」状況を多数目撃し、伝わらない言葉になってしまう真因と、どうすれば相手に伝わる言葉になるのかを研究し続けている。企業経営者向けのビジネス言語化、出版コンテンツの言語化コンサルティング実績は、毎月100件以上、累計で1万件を超える。コンサルティング中に頭の中が言語化され「ずっと、それが言いたかったんです」と涙を流すクライアントも多数。

主な著書に『今までで一番やさしい経済の教科書』(ダイヤモンド社)、『落ちこぼれでもわかるミクロ経済学の本』(マトマ出版)、『すごい言語化——「伝わる言葉」が一瞬でみつかる方法』(ダイヤモンド社)などがある。

わかりやすく伝える

言葉が武器になる時代の「伝える技術」

2024年4月6日 第1版第1刷発行
2024年5月17日 第2刷発行

著 者 **木暮太一**

発行所 **WAVE出版**

〒102-0074東京都千代田区九段南3-9-12
TEL03-3261-3713 FAX03-3261-3823
振替 00100-7-366376
E-mail:info@wave-publishers.co.jp
http://www.wave-publishers.co.jp

印刷・製本 **中央精版印刷**

NDC361 255p 19cm ISBN978-4-86621-478-8

本書は、2013年7月小社刊『伝え方の教科書』の新装改訂版です。